产业创新与竞争地图

（第二辑）

产业创新与竞争力研究课题组　著

科学技术文献出版社
SCIENTIFIC AND TECHNICAL DOCUMENTATION PRESS
·北京·

图书在版编目（CIP）数据

产业创新与竞争地图.第2辑/产业创新与竞争力研究课题组著.—北京：科学技术文献出版社，2015.12

ISBN 978-7-5189-0819-6

Ⅰ.①产… Ⅱ.①产… Ⅲ.①产业发展—研究—中国 Ⅳ.① F121.3

中国版本图书馆 CIP 数据核字（2015）第 267563 号

产业创新与竞争地图（第二辑）

| 策划编辑：丁坤善 | 责任编辑：孙江莉 | 责任校对：张吲哚 | 责任出版：张志平 |

出 版 者	科学技术文献出版社
地　　　址	北京市复兴路15号　邮编 100038
编 务 部	（010）58882938，58882087（传真）
发 行 部	（010）58882868，58882874（传真）
邮 购 部	（010）58882873
官方网址	www.stdp.com.cn
发 行 者	科学技术文献出版社发行　全国各地新华书店经销
印 刷 者	北京时尚印佳彩色印刷有限公司
版　　　次	2015年12月第1版　2015年12月第1次印刷
开　　　本	787×1092　1/12
字　　　数	152千
印　　　张	11.5
书　　　号	ISBN 978-7-5189-0819-6
审 图 号	GS（2016）578号
定　　　价	68.00元

版权所有　违法必究

购买本社图书，凡字迹不清、缺页、倒页、脱页者，本社发行部负责调换

产业创新与竞争地图（第二辑）
课题组

指 导 专 家：胡志坚　杨起全　秦　勇　赵玉海　袁建湘
　　　　　　李　莉　李加洪　嵇智源　徐　泓　刘艳秋
　　　　　　苏广夏　闵　栋　李　婷　韩宝成　姚　琳
　　　　　　张建军　刘　斌　夏光伟　窦彦莉　徐　燕
　　　　　　李小平　曹立强　张金国　张维华　曹　冲
　　　　　　宝玉峰　邢廷炎　余　青　郑　蕾　钱德沛
　　　　　　黄国平　董　昀　闻学臣　潘瑾健　华国进
　　　　　　李明达　吴化民　张翼飞　管　刚　程鹏飞
课 题 组 长：刘　峰
课题组副组长：陈　志　段小华
课题组成员：苏　楠　孙德升　年　猛　冉美丽　王少永
　　　　　　高太山　贾维红　邹莹莹　谢艳艳

前言 ▶▶▶ PREFACE

坚持科技面向经济社会发展的导向，围绕产业链部署创新链，围绕创新链完善资金链，消除科技创新中的"孤岛现象"，破除制约科技成果转移扩散的障碍，提升国家创新体系整体效能，是新时期国家创新驱动发展战略的重要内容。

按照"三链融合"这一战略思路，课题组在 2013 年编著了《产业创新与竞争地图（第一辑）》，引起了国内科技和产业界的热烈反响。《产业创新与竞争地图（第二辑）》聚焦移动互联网这一热点产业，选择智能手机、移动通信芯片、位置服务、电子商务、互联网金融、移动支付等子行业进行了系统研究，并将研究结果以地图的方式给予直观、具象的展示。本书对企业研发管理、行业投资分析、产业创新集群建设，以及国家科技计划管理具有很好的参考价值。

由于移动互联网产业正在快速发展之中，它与其他行业融合的广度和深度不断加强，行业边界目前难以清晰界定，一些数据的获取非常困难，从而导致书中难免有一些疏漏和不足之处，恳求读者不吝指教，以便我们在今后的研究中不断改进和完善。

产业创新与竞争力研究课题组

2015 年 11 月

CONTENTS ▶▶▶ 目录

移动互联网

移动互联网产业链 2
移动互联网价值链 3
全球移动互联网产业发展综述 4
中国移动互联网产业发展综述 5
中国移动互联网产业研究机构的地理分布 6
中国移动互联网产业主要研发机构 7
中国移动互联网产业主要领域的专利分布 8
国家科技计划项目在移动互联网产业链的分布 9
中国移动互联网产业主要政策 10

智能手机

智能终端产业链（以手机为例） 12
智能终端制造的价值链（以三星、苹果手机为例） 13
典型智能手机硬件成本构成（单位：美元） 14
全球智能手机产业发展综述 15
全球智能手机产业领导厂商地理分布 16
全球智能手机领导厂商主要产品（中国厂商除外） 17
全球智能手机领导厂商主要动向（中国厂商除外） 18
全球智能手机专利申请量分布情况 19
中国智能手机产业发展综述 20
中国智能手机产业领导厂商地理分布 21
中国智能手机领导厂商主要产品 22
中国智能手机领导厂商主要动向 23
中国智能手机领域研发机构的地理分布 24
中国智能手机领域主要研发和设计机构的产业链分布 25
主要智能手机厂商在中国专利申请分布 26
主要手机品牌在我国专利总量情况 27

国家科技计划项目在智能手机产业链的分布 28
中国智能手机产业政策 29

移动通信芯片产业

移动通信芯片产业链 32
移动通信芯片产业价值链 33
全球移动通信芯片产业发展综述 34
全球移动通信芯片领导厂商地理分布 35
全球移动通信芯片领导厂商主要产品 36
全球移动通信芯片领导厂商主要动向 37
全球移动通信芯片专利概况 38
全球移动通信芯片产业创新政策 39
我国移动通信芯片产业发展综述 40
我国移动通信芯片产业领导厂商地理分布 41
我国移动通信芯片设计企业的主要产品 42
我国移动通信芯片设计领导厂商主要动向 43
我国移动通信芯片研发机构在产业链的分布 44
我国移动通信芯片研发基地的地理分布 45
我国移动通信芯片知识产权概况 46
国家科技计划在移动通信芯片产业链的布局 47
移动通信芯片产业创新政策 48

移动位置服务

移动位置服务产业链 50
移动位置服务价值链 51
全球移动位置服务产业发展综述 52
全球移动位置服务产业领导厂商地理分布 53
全球移动位置服务产业领导厂商主要产品 54
全球移动位置服务产业领导厂商动向 55
全球移动位置服务专利分布 56
主要国家移动位置服务产业政策 57
我国移动位置服务产业发展综述 58
我国移动位置服务领导厂商地理分布 59
我国移动位置服务领导企业的主要产品 60

我国移动位置服务主要上市企业的服务领域 ... 61
我国移动位置服务领导厂商主要动向 ... 62
我国移动位置服务创新基地的地理分布 ... 63
我国移动位置服务主要研发机构在产业链的分布 ... 64
我国移动位置服务的专利申请分布 ... 65
国家科技计划项目在产业链的分布 ... 66
我国移动位置服务产业政策 ... 67

电子商务产业

电子商务产业链 ... 70
电子商务价值链 ... 71
电子商务业务类型汇总 ... 72
全球电子商务产业发展综述 ... 73
全球电子商务市场分布 ... 75
全球电子商务领导企业地理分布 ... 76
国外电子商务领导企业类别 ... 77
国外电子商务领导企业动向 ... 78
全球电子商务相关专利分布 ... 79
主要国家电子商务产业政策 ... 80
中国电子商务产业发展综述 ... 81
中国电子商务领导企业地理分布 ... 82
中国电子商务领导企业主要服务类型 ... 83
中国电子商务领导企业动向（B2B） ... 84
中国电子商务领导企业动向（B2C） ... 85
中国电子商务创新基地的地理分布 ... 86
中国电子商务专利分布 ... 87
国家科技计划项目在产业链上的布局 ... 88
中国电子商务产业主要政策 ... 89

互联网金融产业链 ... 92
互联网金融价值链 ... 93
全球互联网金融产业发展综述 ... 94
全球互联网金融领导服务商地理分布 ... 95

互联网金融产业

- 全球互联网金融产业领导服务商主要产品 ... 96
- 全球互联网金融产业领导服务商经营模式 ... 97
- 全球互联网金融产业领导服务商动向 ... 98
- 全球互联网金融产业主要市场分布 ... 99
- 主要国家互联网金融产业监管政策 ... 100
- 中国互联网金融产业发展综述 ... 101
- 中国互联网金融产业领导服务商地理分布 ... 102
- 中国互联网金融产业领导服务商主要产品 ... 103
- 中国互联网金融产业领导服务商经营模式 ... 104
- 中国互联网金融产业领导服务商动向 ... 106
- 中国互联网金融产业研究机构地理分布 ... 107
- 中国互联网金融产业主要政策 ... 108
- 中国地方政府互联网金融产业主要政策 ... 110

移动支付

- 移动支付产业链（按主体划分）... 112
- 移动支付产业链（按流程划分）... 113
- 移动支付价值链 ... 114
- 全球移动支付产业发展综述 ... 115
- 全球移动支付产业的技术支持 ... 116
- 全球移动支付产业领导厂商地理分布 ... 117
- 全球移动支付产业领导厂商主要动向 ... 118
- 全球移动支付产业专利分布 ... 119
- 全球移动支付 NFC 技术的专利分布 ... 120
- 主要国家移动支付产业政策方向 ... 121
- 我国移动支付产业发展综述 ... 122
- 我国移动支付产业领导厂商地理分布 ... 123
- 我国移动支付产业领导厂商主要产品及服务 ... 124
- 我国移动支付产业领导厂商主要动向 ... 125
- 我国移动支付产业创新基地的地理分布 ... 126
- 我国移动支付领域专利分布 ... 127
- 我国移动支付产业主要政策 ... 128

后记 ... 129
致谢 ... 130

移动互联网

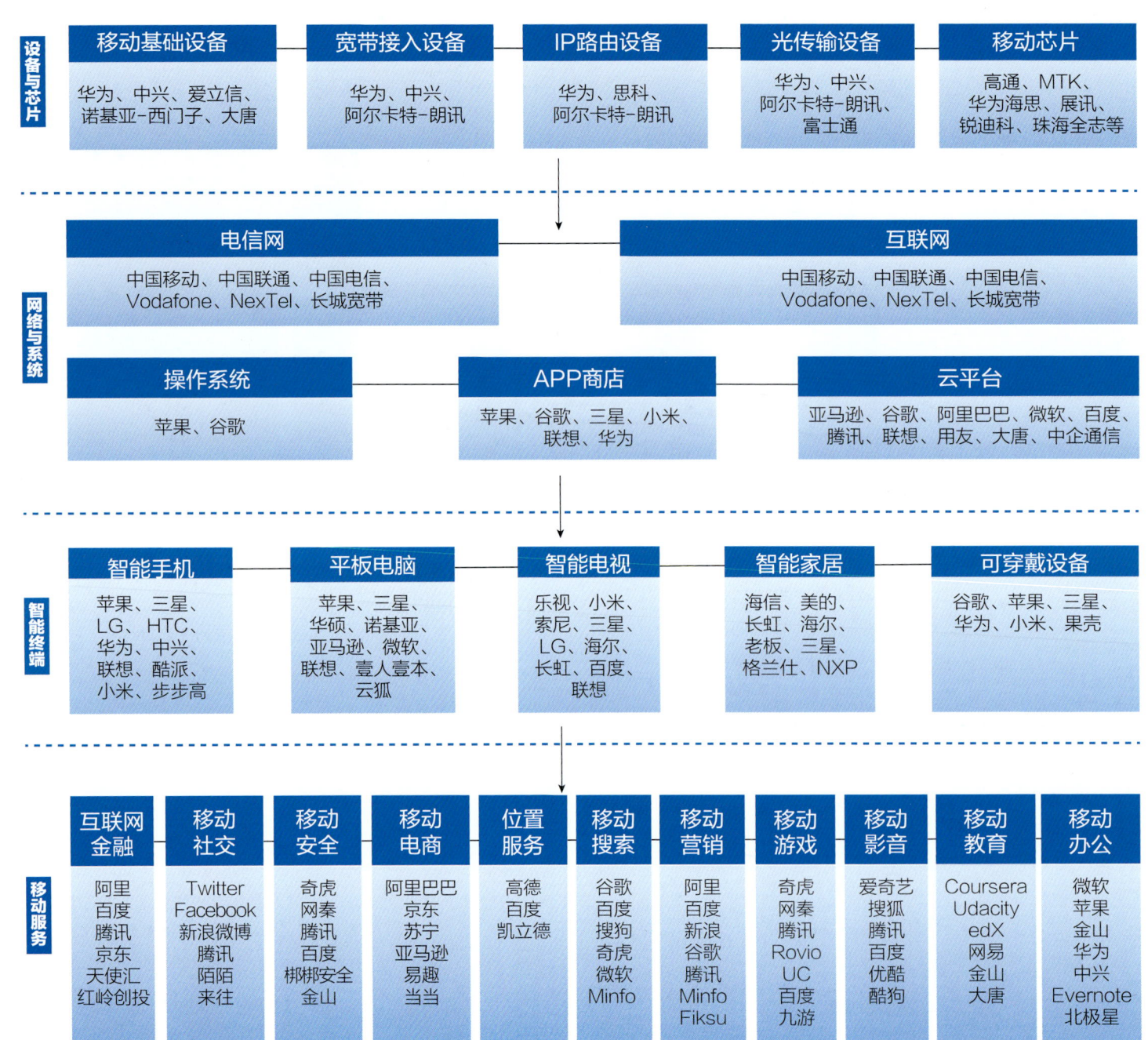

移动互联网价值链

设备与芯片

移动基础设备
2014年，全球移动基础设施市场规模近470亿美元；中国新增3G、4G基站98.8万座，基站设备产量达3.54亿通道

宽带接入设备
2014年全球宽带接入市场，（含PON、DSL和Cable）达115亿美元

IP路由设备
2014年，全球以太网交换机销售收入为217亿美元，同比增长5%；国内市场一直保持在40亿~50亿

光传输设备
2013年，全球光网络设备收入为100亿美元；中国光传输设备销售收入为541.87亿元

移动芯片
2014年，全球基带芯片和应用处理器市场规模突破400亿美元

网络与系统

电信网
2014年，全球宽带用户数增长到7.33亿；2014年，中国电信业务收入达11541.1亿元（同比增长3.6%），短信等传统业务受互联网冲击较大（同比下降14.4%）

互联网
2014年，全球移动宽带用户达23亿，移动互联网全行业为用户创造的价值达到6.4万亿美元；2014中国互联网宽带接入端口数量突破4亿个，移动数据及互联网业务收入为2707.2亿元（同比增长41.8%）

操作系统
2014年，Android操作系统手机出货量为10.59亿部，份额为81.5%，iOS系统手机出货量为1.927亿部，市场份额为14.8%

APP商店
2014年，谷歌Play Store、苹果Apple Store和亚马逊商店的应用数量分别为143万、121万和39.3万，其中Apple Store销售额达150亿美元

云平台
2014年全球云计算市场规模为160亿美元；2014年中国公共云计算产业规模约为62.8亿元

智能终端

智能手机
2014年，全球智能手机市场出货量达12.4亿部，销售额约6000亿美元；中国手机出货量为4.52亿部，销售额超过11000亿元

平板电脑
2014年，全球平板电脑出货2.296亿部；中国平板电脑市场销量约2781万部，市场规模约500亿

智能电视
2014年，全球智能电视销量超过7000万台，市场渗透率为41%；中国智能电视销量近3000万台，渗透率约70%

智能家居
2014年全球智能家居市场规模为488亿美元；2014年中国智能家居市场规模为286.1亿元

可穿戴设备
2014年全球可穿戴智能设备出货量达2900万台，2015年出货量将达到7610万台

移动服务

移动支付
2014年，全球移动支付市场规模达2400亿美元；中国手机支付用户达2.17亿，同比增长73%

移动社交
2014年全球移动社交收入达到464亿美元。预计2020年有望突破2.5万亿美元

移动安全
2014年，中国手机安全应用用户规模达4.57亿，同比增长17%

移动电商
2014年，全球移动电商收入为498亿美元；中国移动购物市场交易规模达到8956.9亿元，同比增长234%

位置服务
2014年，全球移动旅游交通收入为545亿美元。2013年，中国地理信息产业预计达2600亿元

移动搜索
2014年，中国手机搜索引擎网民规模为4.78亿

移动营销
2013年中国移动营销市场规模154.7亿元

移动游戏
2014年，全球移动游戏收入达到250亿美元，移动玩家平均每个月在游戏上花4.58美元

移动影音
2014年，全球数字音乐与实体音乐收入首次持平，达69亿美元

移动办公
2013年全球市场达到132.2亿。2016年40%的工作人员将会使用移动办公

数据来源：IDC、Infonetics Research、Strategy Analytics、Synergy Research Group、波士顿咨询集团、奥维咨询、ABI Research、Juniper、Enfodesk 易观智库、艾媒咨询、《中国互联网发展报告（2014）》、速途研究院、Gartner 等。

全球移动互联网产业发展综述

移动互联网进入高速发展期,已成为全球竞相争夺的战略制高点。根据 Digi-Capital 数据,2014 年全球移动互联网产业规模约为 2670 亿美元,移动电商仍然占据主导,销售额超过 1800 亿美元。2014 年全球移动用户总量超过 69 亿,几乎人均一部移动设备;移动宽带用户达到 23.2 亿人,同比增长 14.2%;2014 年全球智能手机出货量为 12.86 亿台,同比增长 28%;2014 年,全球每月移动互联网流量约为 3200PB,为 2011 年 5 倍多;2012—2014 年,智能手机上网流量都保持每年 2 倍及以上的速度增长。2012 年底已有 32 个国家开通了 360 个 LTE 商用网络,全球商用网络达到 128 个;2013 年全球公共 WiFi 热点达到 420 万个。

"OS+ 平台 + 终端 + 应用"模式成为移动互联网产业创新生态的主流。大型互联网企业成长为具有全球影响力的领军企业,成为当前经济增长的一大热点。苹果公司依托 APP Store,通过与运营商、软件开发商、广告商的合作,打造了一个综合的移动生态系统,创造出全新的商业模式,成为移动互联网的王者。

Facebook、腾讯等大型互联网公司,也借助"平台 + 应用"模式在移动互联网领域拓展市场,且初见成效,成为移动互联网新秀,据 Global Web Index 的统计,微信已经成为全球排名第 5 的智能手机应用。

移动互联网产业链各环节的发展不平衡。基础芯片继续践行着摩尔定律,因多核复用探索着后摩尔时代。基础类应用范畴持续扩大,与操作系统深度耦合发展,开放基础应用的生态系统建设成为移动互联网企业的必然之选。移动互联网的盈利规模远未与其发展速度相匹配。限于屏幕尺寸和用户习惯等原因,移动广告发展潜力受限。移动电子商务将是移动互联网的核心盈利模式,全球产业巨头加快布局移动电子商务。移动位置服务行业充满变数,基于定位与移动互联网各领域融合的业务应用是核心。

随着"互联网 +"概念的推出,移动互联网进入全新的技术创新周期,将深入到制造业、服务业、社会生活等各个层面,研发、设计、生产、投资、消费、服务、应用更加一体化,生产效率和产业组织形态正发生重大改变,推动制造业的信息化、服务化、定制化和个性化,促进社会交往的即时性和扁平化。

中国移动互联网产业发展综述

　　中国移动互联网蓬勃发展，已形成良好的产业基础和庞大的用户人群。中国拥有全球 1/4 的网络用户和世界一流的互联网公司，在全球互联网企业十大巨头中有 4 家是中国企业。麦肯锡全球研究院的报告《中国的数字化转型：互联网对生产力与增长的影响》指出，至 2025 年前，互联网经济每年将为中国 GDP 增速平均贡献 0.3～1 个百分点。2014 年中国移动互联网市场规模为 2134.8 亿元，同比增长 115.5%。到 2014 年，我国移动互联网用户总数超过 8.75 亿人，手机网民占网民总数的 80%。2014 年移动互联网接入流量达 20.62 亿 G，同比增长 62.9%。

　　中国企业在网络、硬件和软件等方面的创新能力均有大幅提升。网络运营以 4G、5G 的研发、混合组网模式和网络融合为主导方向。在 TD-SCDMA 制式的基带、射频、应用处理器等方面取得了实质性突破，涌现出紫光、海思等领军企业。华为海思基于 28nm 的四核麒麟 925 处理器已实现量产和产品应用，多项性能指标国际领先。小米科技 2014 年售出 6112 万台手机，同比增长 227%。互联网企业也异军突起，2014 年阿里巴巴在美国 IPO 上市，最高市值近 3000 亿美元，位列美股第七位。2014 年，UC 浏览器的全球用户超过 4 亿，百度研发的操作系统已完成 1000 万台的销售，联想乐云平台提供乐安全等 10 多项云服务，在联想全线产品中预装。华为研发的 Emotion 系统在多款产品上商用，销量超过 2300 万台。

　　中国移动互联网在移动支付、移动安全、位置服务等领域应用服务蓬勃发展。运营商、终端制造商、互联网企业等开办近百家应用商店。360 手机助手、豌豆荚、淘宝手机助手、应用宝、91 手机助手应用规模较为领先。即时消息、微博、搜索、电子商务、SNS、移动网游、移动视频等七大应用均由本土企业引领发展。在线新闻、移动电商、移动视频、互联网金融、位置服务、在线教育等新的商业模式蓬勃兴起。移动互联网降低了创新创业成本和门槛，为国家实施"大众创业、万众创新"战略提供了技术和服务保障。移动电商形成独特的发展路径和生态系统，带动自媒体、微店、创客等新模式，促进了线上线下融合发展。

中国移动互联网产业研究机构的地理分布

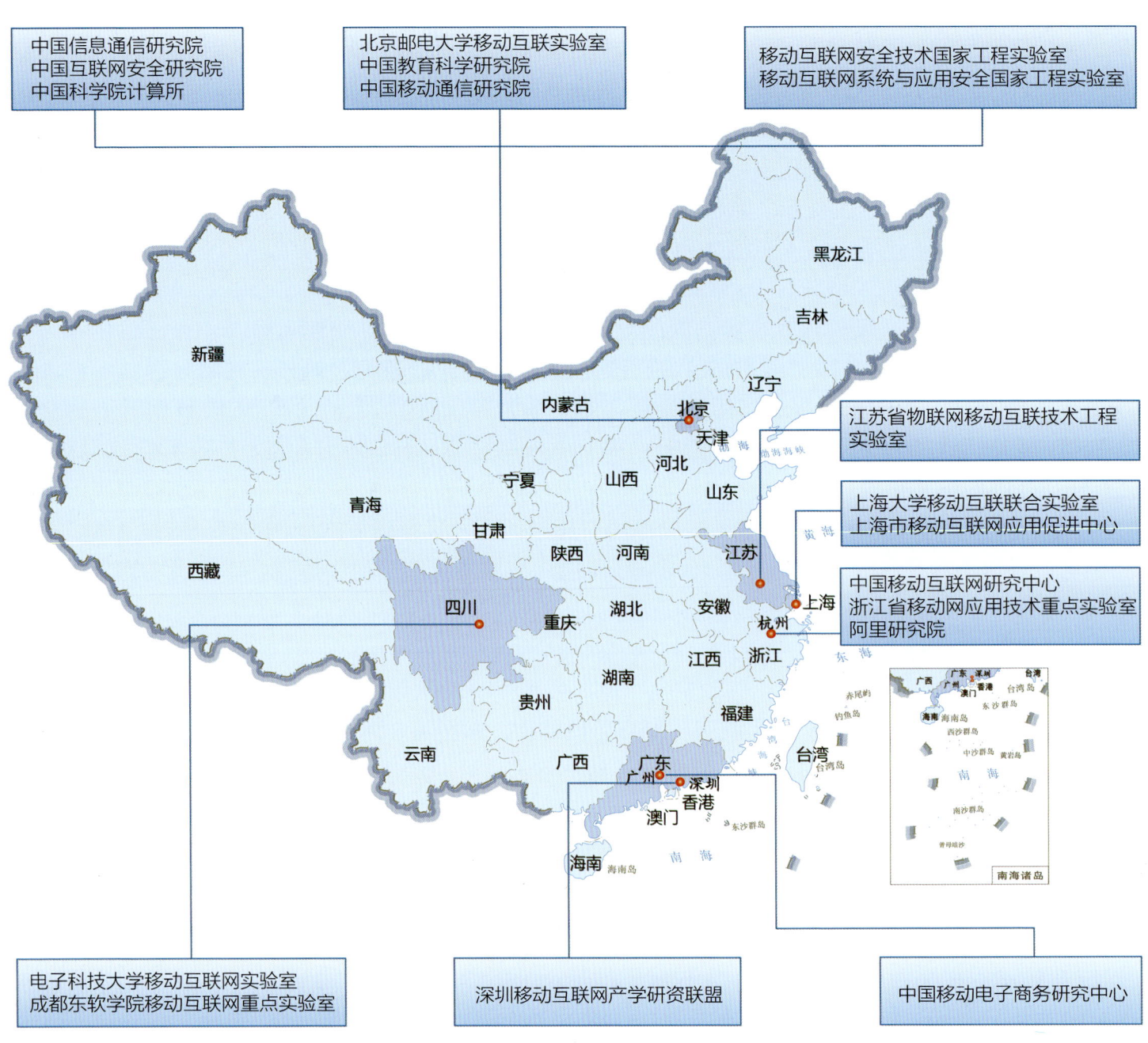

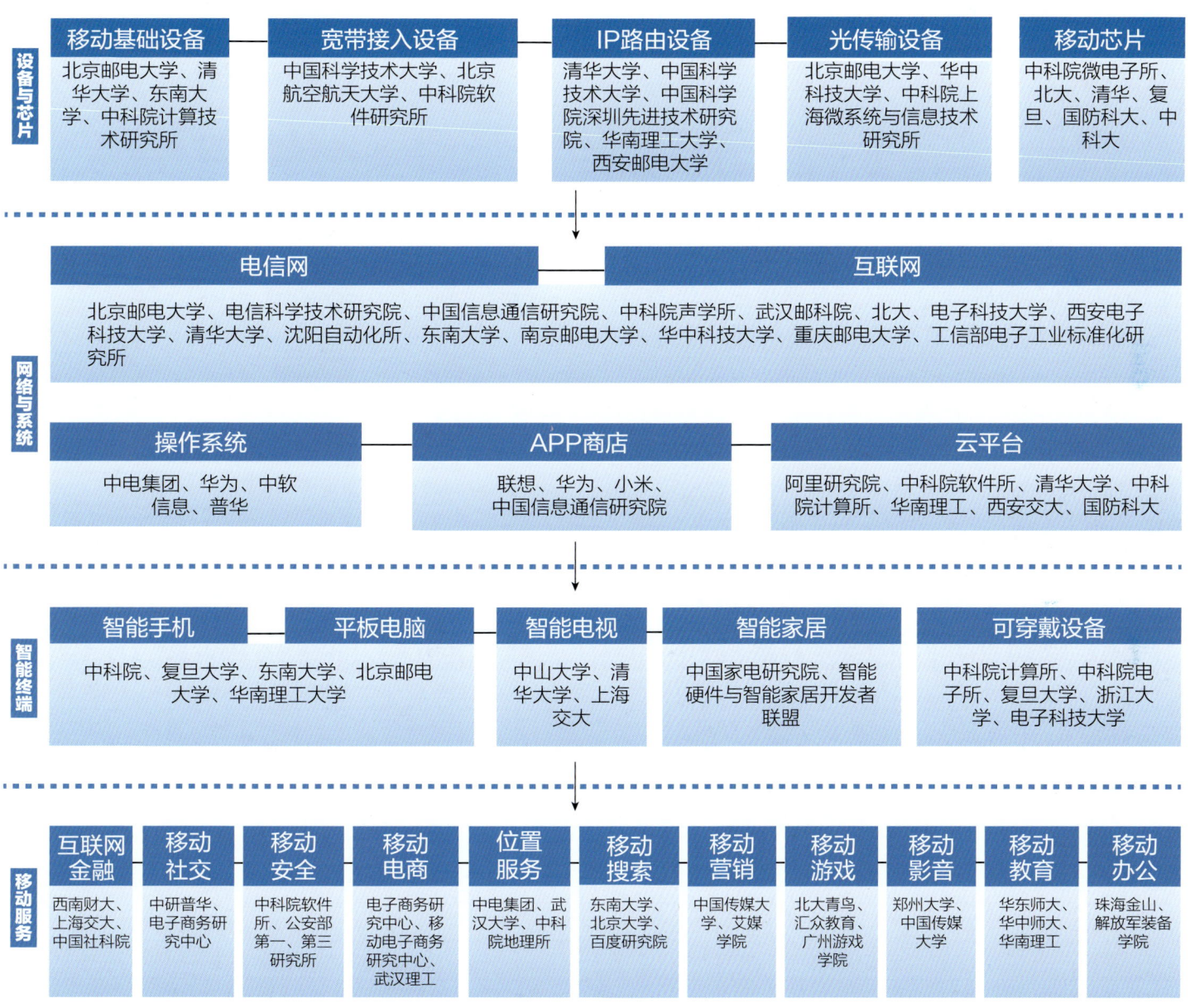

中国移动互联网产业主要领域的专利分布

即时通讯、网络游戏、互联网金融等新兴互联网产品成为手机上网主要活动,促进相关领域的技术创新速度不断加快,表现为专利申请量呈现明显增长态势。

网络安全、搜索引擎技术的发展时间较早,并已积累了一定数量的专利;即时通讯、社交媒体近几年发展迅速,具有时间短、专利数量积累快的特点;网络游戏专利数量较少,该产业的发展与技术创新程度的紧密度,相比较其他领域较弱;互联网金融与云计算是近两年的市场新兴技术,专利数量较少,还未出现明显的领导厂商。

腾讯公司在即时通讯、网络游戏、社交网络领域占据优势,华为公司在互联网支付、网络安全领域领先,微软公司在社交网络、云计算技术和搜索引擎领域占优。

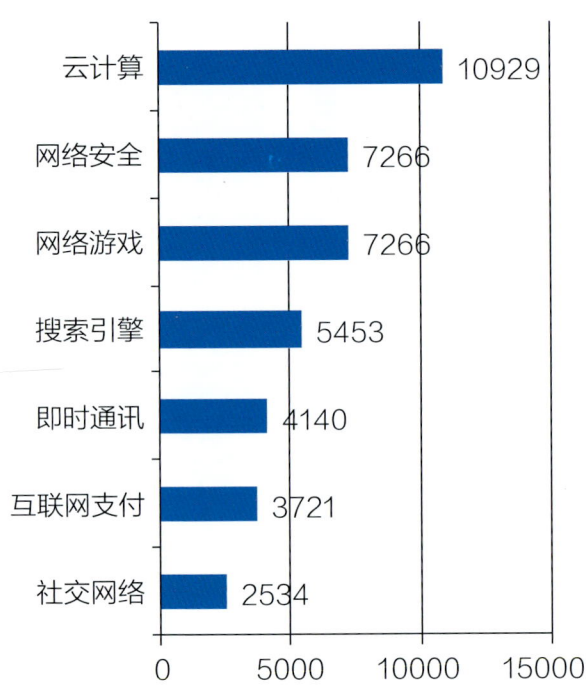

来源:《中国互联网技术创新观察报告(2014)》,截至2014年11月20日。

企业	即时通讯	互联网支付	网络游戏	社交网络	搜索引擎	网络安全	云计算	专利授权总量
华为	189	189	41	37	115	534	180	1285
腾讯	501		64	149	273			987
微软	205		21	113	137	62	440	978
中兴	99	129	23	43	70	300	142	806
IBM	130	23	14	60	133	129	306	795
奇虎/奇智			20			284	239	543
百度					194		142	336
浪潮							210	210
量明	177							177
GOOGLE				44	124			168

来源:《中国互联网技术创新观察报告(2014)》,截至2014年11月20日。

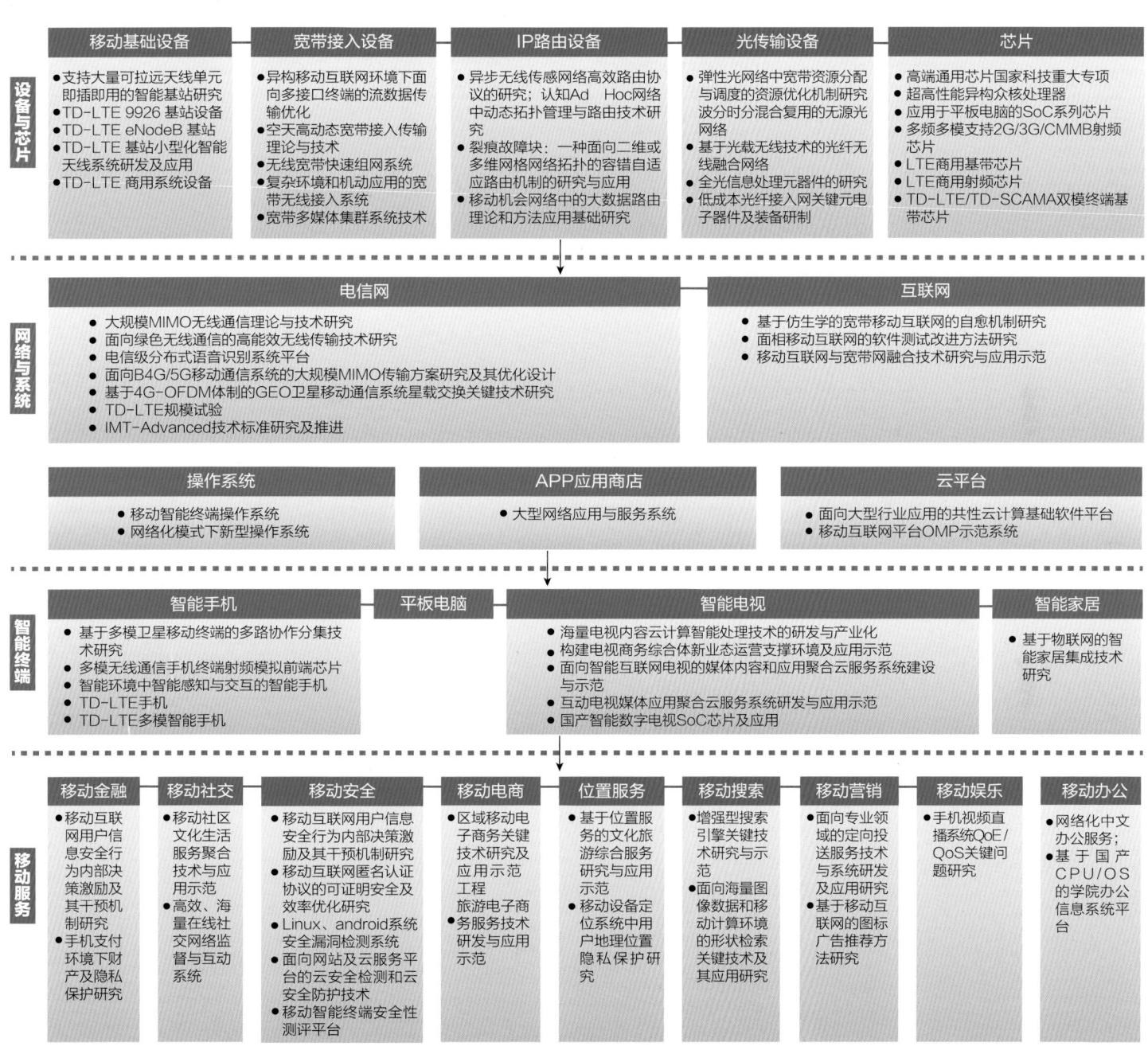

中国移动互联网产业主要政策

政策分类		政策内容	政策文件
财政	基础设施	统筹接入网、城域网和骨干网建设，综合利用有线技术和无线技术，结合基于 IPv6 的下一代互联网规模商用部署要求，分阶段系统推进宽带网络发展，到 2015 年，固定宽带家庭普及率达到 50%，3G/LTE 用户普及率达到 32.5%，行政村通宽带比例达到 95%，城市和农村家庭宽带接入能力基本达到 20Mbps 和 4Mbps，部分发达城市达到 100Mbps。	国务院《"宽带中国"战略及实施方案》（2013 年 8 月）
	投资	国家大力支持重要的软件和集成电路项目建设。对符合条件的集成电路企业技术进步和技术改造项目，中央预算内投资给予适当支持。	国务院《关于进一步鼓励软件产业和集成电路产业发展的若干政策》（2011 年 1 月）
	采购		
税收		经认定的集成电路线宽小于 0.8 微米（含）的集成电路生产企业，自获利年度起，第一年至第二年免征企业所得税，第三年至第五年按照 25% 的法定税率减半征收企业所得税。经认定的集成电路线宽小于 0.25 微米或投资额超过 80 亿元的集成电路生产企业，减按 15% 的税率征收企业所得税，其中经营期在 15 年以上的，自获利年度起，第一年至第五年免征企业所得税，第六年至第十年按照 25% 的法定税率减半征收企业所得税。	国务院《关于进一步鼓励软件产业和集成电路产业发展的若干政策》（2011 年 1 月）
研究开发		加快实施"核心电子器件、高端通用芯片及基础软件产品"、"极大规模集成电路制造装备及成套工艺"、"新一代宽带无线移动通信网"等科技重大专项，加强围绕产业链的系统部署和产业技术创新战略联盟建设，集中力量突破一批关键共性技术，研发一批具有自主知识产权和市场竞争力的重大战略产品。	国家"十二五"科学和技术发展规划（2011 年 7 月）
		建立互联网应用类标准体系，加强网络与信息安全标准研制。	国务院《关于进一步鼓励软件产业和集成电路产业发展的若干政策》（2011 年 1 月）
产业管制		加快研究频谱规划方案，制定频谱中长期规划，明确无线频谱综合利用的时间表和路线图。促进频谱资源高效利用。加强公共频段上无线设备的监管。	国务院《"宽带中国"战略及实施方案》（2013 年 8 月）
		由政府部门承担的网络文化产品内容审核和管理责任将更多地交由企业承担，移动游戏的内容自审将首先试行。	《网络文化经营单位内容自审管理办法》（2013 年 8 月）
		对提供 APP 的第三方平台备案等管理，加强对个人信息安全和合法权益的保护。	《关于加强移动智能终端进网管理的通知》（2013 年 4 月）
信息安全		确定我国网络个人信息保护的原则及个人信息保护收集、使用、转移等规则。	全国人大常委会《关于加强网络信息保护的决定》（2012 年 12 月）
		我国首个个人信息保护国家标准，指导和规范利用信息系统处理个人信息的活动。针对个人一般信息和个人敏感信息分别做出相应规定。	工信部等《信息安全技术公共及商用服务信息系统个人信息保护指南》（2013 年 4 月）

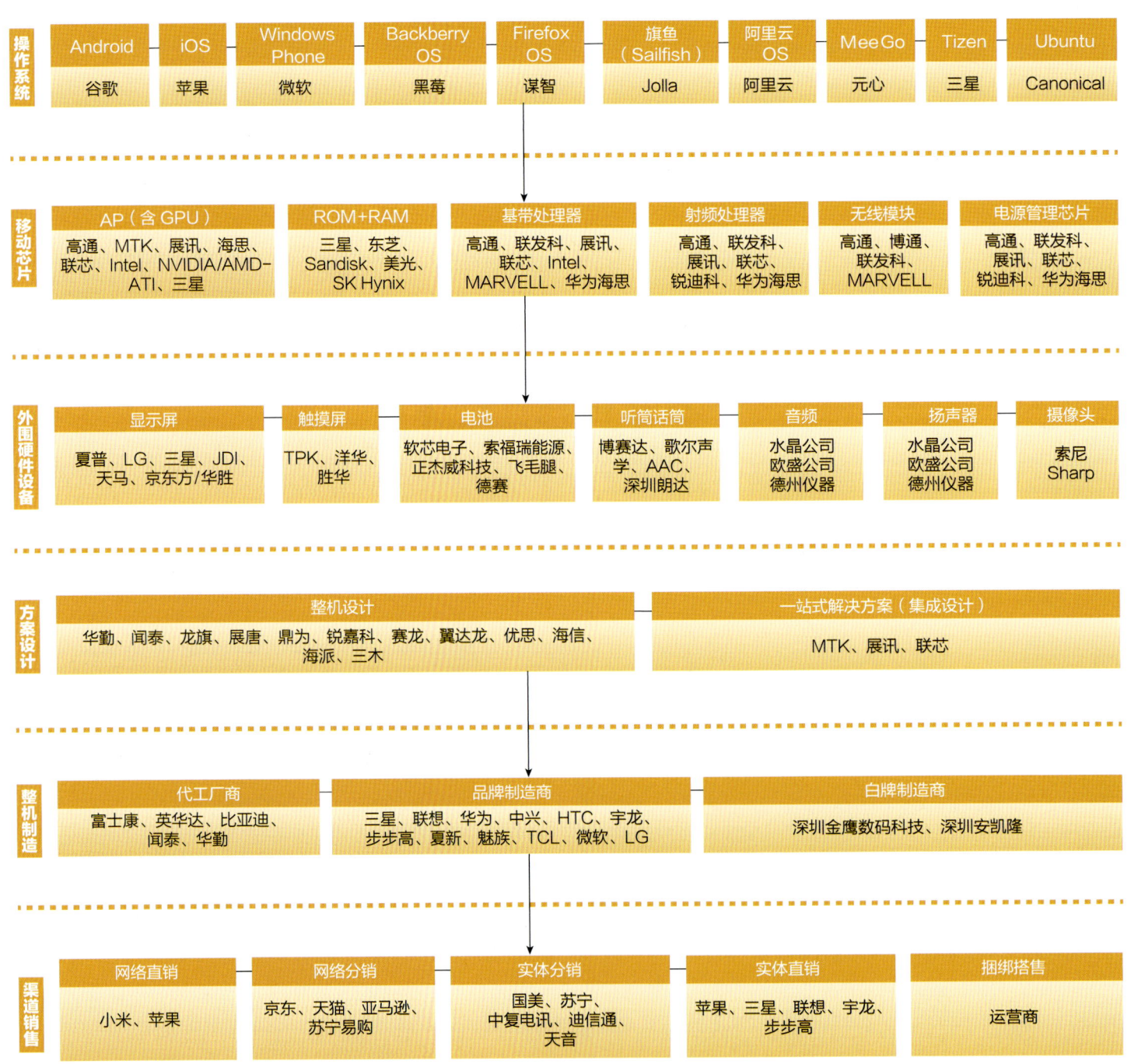

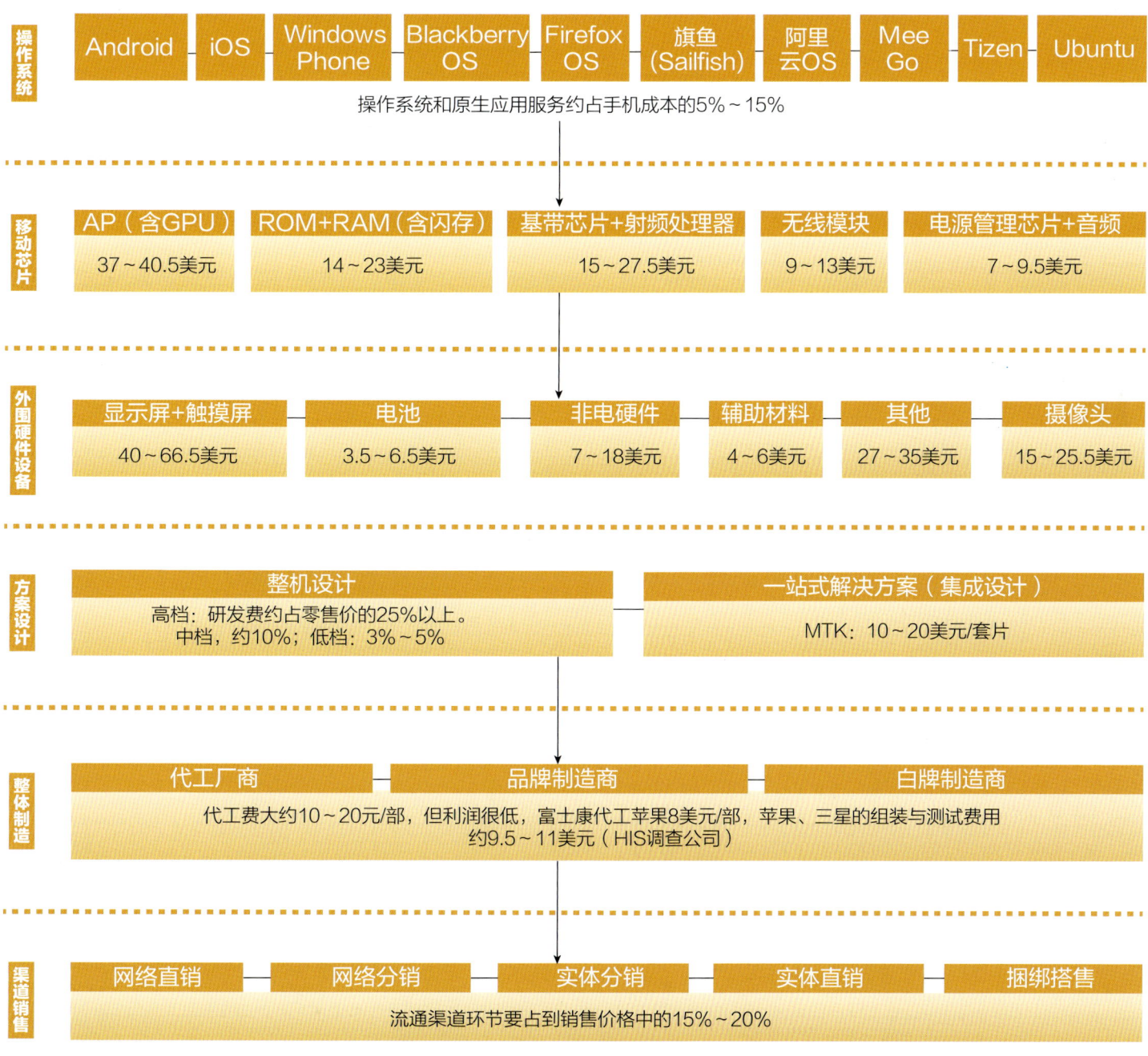

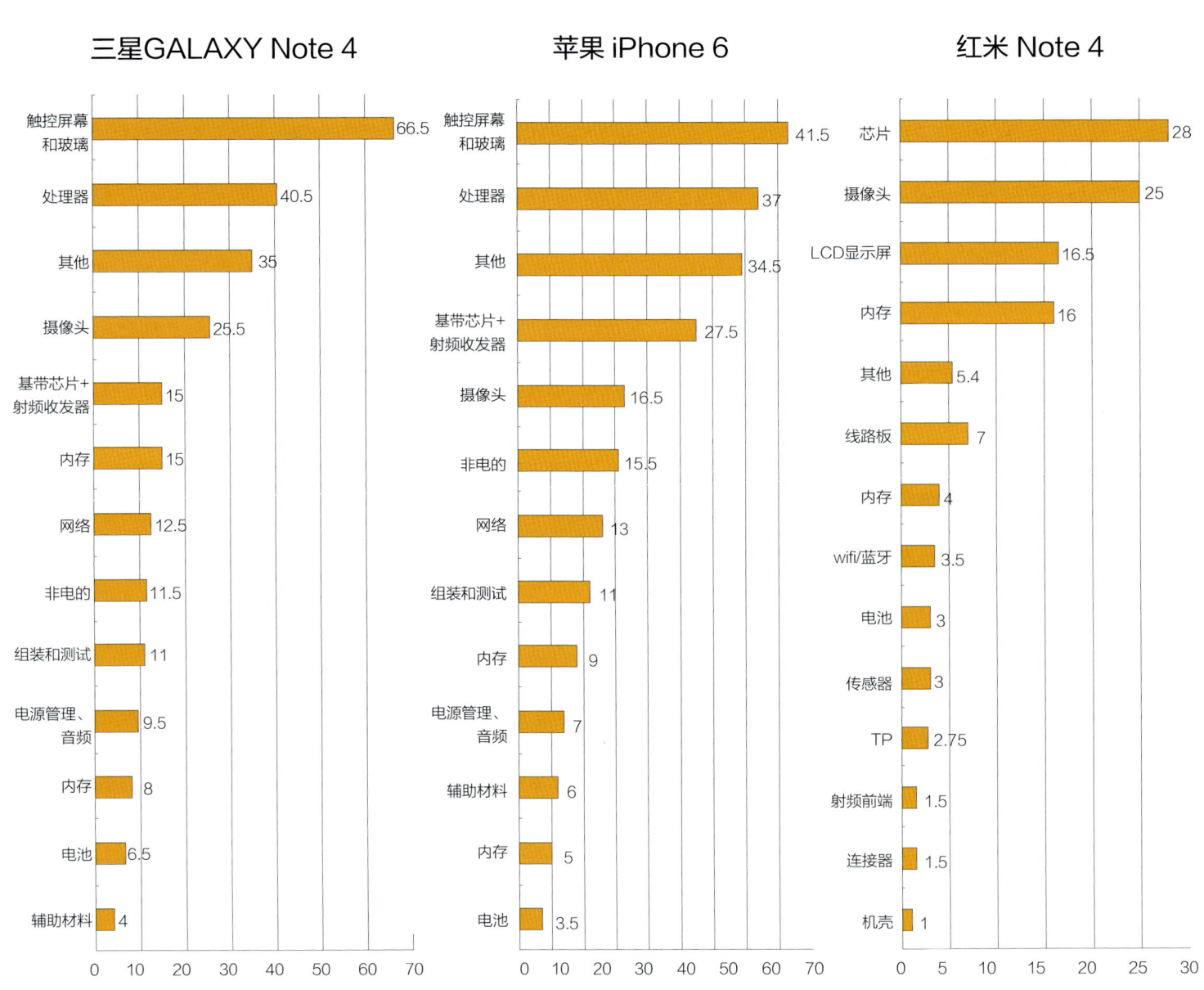

全球智能手机产业发展综述

全球移动智能手机保持高速增长态势。2014 年，全球智能手机出货量达到 12.86 亿部。从用户规模看，截止 2013 年底，全球移动用户超过 67.5 亿户，普及率达 94.1%。随着移动普及率的饱和，全球移动用户新增空间越来越小，2013 年新增用户比 2012 年明显减少。全球移动通信市场表现为存量市场用户结构的变化。2013 年底，全球 3G、4G 用户累计达到 18.5 亿户，占移动用户总数的 28%；2G 用户累计达到 47 亿户，占比 70%。虽然 2G 用户在累积量上仍占绝对优势，但优势地位从 2012 年起开始下降。2013 年，3G 新增用户达 3.7 亿户，2G 用户则减少了 1 亿户。

以操作系统为轴心的发展规律随产业格局聚焦持续深化，Android 和 IOS 两大系统优势继续显现，在软硬件及应用服务布局的连点成面，轴心规律越发突出。根据 2015 年 3 月 Gartner 发布的数据，2014 年，Android 的优势在全球范围内大幅巩固，占全球市场份额的 80.7%，比 2013 年上升了 2.2%。苹果 IOS 基本保持稳定，继续排名第二，市场占有率 15.4%，略降 0.1%。Windows 市场格局仍未打开，市场份额萎缩至 2.8%，下降了 0.4%。Blackberry 虽然仍排名第四，但市场继续大幅下滑，由上年的 1.9% 下滑至 0.6%。其余操作系统的整体市场份额也由上年的 0.9% 大幅下滑至 0.5%。

操作系统自身概念范畴不断拓展，并向优化用户体验、强化硬件支撑、无缝跨平台三大方向持续深度演进。操作系统正从狭义基础平台发展为面向应用服务的完整平台体系，重要应用被作为操作系统能够提供的必备功能被广泛内置。用户体验和硬件支撑成为当前主流移动智能终端操作系统平台的主要进化方向。

中国智能手机品牌崛起，竞争力大幅提升。根据 TrendForce 发布的最新报告显示，2014 年全球智能手机出货量达到了 11.67 亿部，相比 2013 年增加了 25.9%，其中，中国智能手机品牌出货量合计达到了 4.534 亿部，贡献了 40% 的份额。在全球 10 大智能手机品牌中（按出货量算），有联想（含摩托罗拉）、华为、小米、酷派、中兴、TCL 等 6 家中国智能手机生产商上榜。

全球智能手机产业领导厂商地理分布

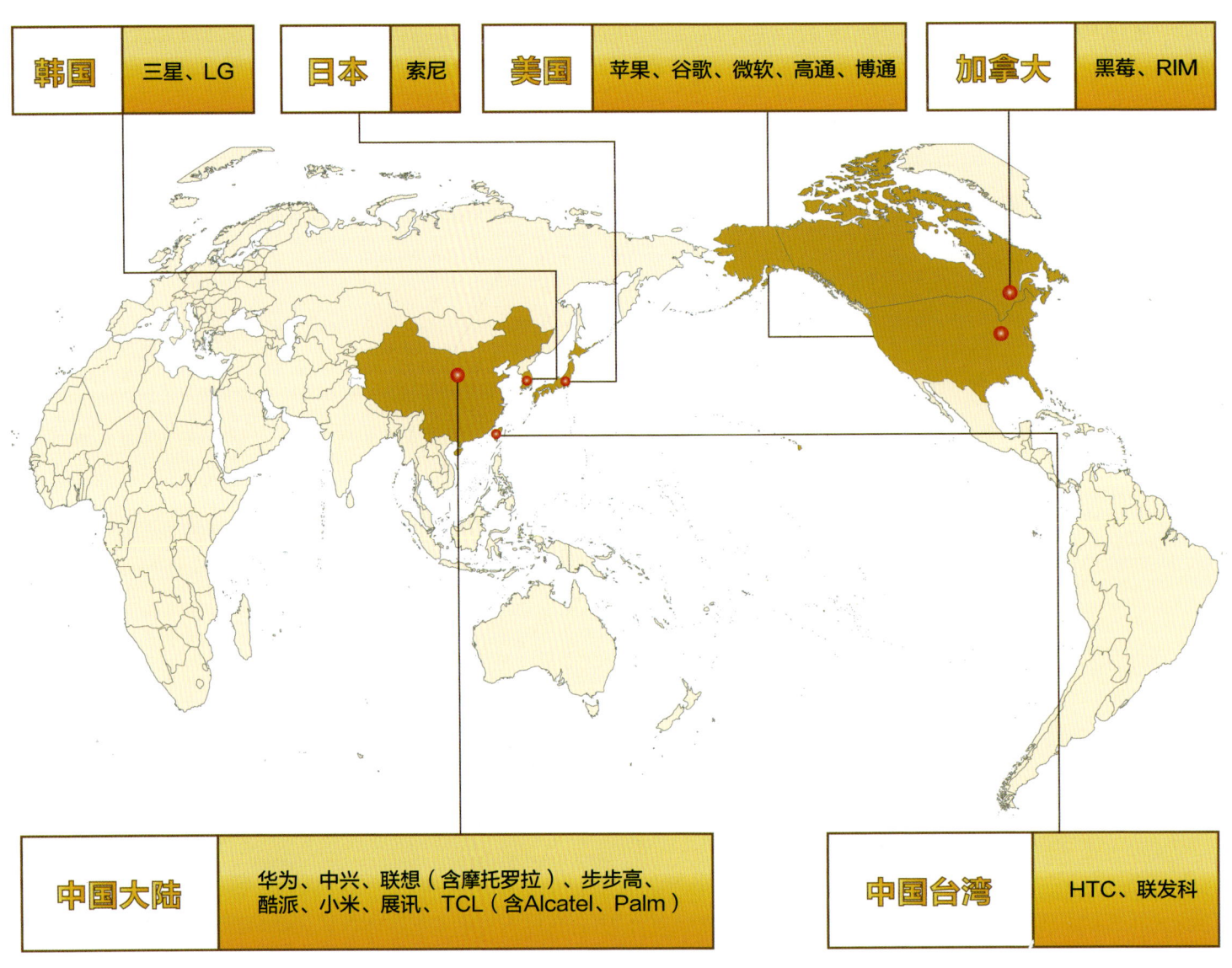

注：1. 2013年9月3日，微软宣布将以72亿美元收购诺基亚手机业务，以及大批专利组合。

2. 2014年1月30日，联想集团以29亿美元从谷歌收购摩托罗拉移动。

3. 2004年，TCL收购Alcatel手机品牌，并于2007年将Alcatel手机品牌全球使用权延长到2024年；2015年1月，TCL收购Palm品牌并完全持有。

全球智能手机领导厂商主要产品（中国厂商除外）

企业名称	国别	产品与服务类别						
		操作系统	核心硬件与软件				方案设计	整机制造
			芯片	基带	射频	无线		
微软	美国	●	●	●	●	●	●	●
谷歌	美国	●					●	
高通	美国		●	●	●	●		
博通	美国					●		
苹果	美国	●	●	●	●	●		
RIM	加拿大	●	●	●	●	●	●	●
英飞凌	德国		●	●	●	●		
三星	韩国	●	●	●	●	●	●	●
LG	韩国		●	●	●	●	●	●
索尼	日本		●	●	●	●	●	●

全球智能手机领导厂商主要动向（中国厂商除外）

企业名称	国别	主要动向
微软	美国	2014年4月，微软正式宣布完成对诺基亚的收购，收购后实体公司更名为"微软移动"，但"诺基亚"品牌将会一直保留；10月微软正式宣布启用微软手机新徽标，以 Microsoft Lumia 取代 Nokia Lumia 品牌。
谷歌	美国	2014年1月谷歌将摩托罗拉以29亿美元出让给联想，但保留了摩托罗拉24000项专利中的绝大部分；3月发布 Android Wear 智能可穿戴平台；10月正式发布了新一代智能手机 Nexus 6，改走高端路线。
高通	美国	2014年7月，高通 Qualcomm 神经形态芯片（即 Zeroth 项目）入选2014年全球十大突破技术。
博通	美国	2014年2月中旬博通面向低于300美元的智能手机市场，推出一款新型 LTE（即长期演进）平台芯片组；2月25日宣布推出第一款先进的智能手机用 5GWi-Fi 组合芯片，标志着该公司正式开始在智能手机领域拓展发展之路。
苹果	美国	2014年5月，苹果公司以30亿美元的价格收购收购 Beats，发力流媒体音乐；9月发布 iPhone 6、iPhone 6 Plus 两款新手机和智能手表 Apple Watch，推出新支付工具 Apple Pay。
RIM	加拿大	黑莓公司正在痛苦转型，2014年主要对手机业务进行精简，主打全键盘智能手机，9月、12月分别发布 Passport、Classic 两款新机型；其虽然没有放弃手机业务，但正在将资源转向盈利能力更高的软件和服务领域中。
英飞凌	德国	2014年2月，英飞凌科技公司宣布推出新型 LTE 低噪声放大器和四频 LNA Bank，其能使智能手机数据速率提升高达96%。
三星	韩国	2014年，三星推出了多款采用金属机身的智能手机，一改过去一直采用塑料机身的传统；尽管年终销量三星仍然是全球智能手机行业的老大，但市场份额正在缓慢而稳定地下滑，盈利也下滑严重。
LG	韩国	2014年 LG 智能手机出货高达5960万台，比2013年增长25.2%，居全球第4位；推出了全球首款手表样式的可穿戴设备 LG G Watch R 和全系列 G3 智能手机。
索尼	日本	2014年索尼手机业务连续六年亏损，开始淡出中国市场。

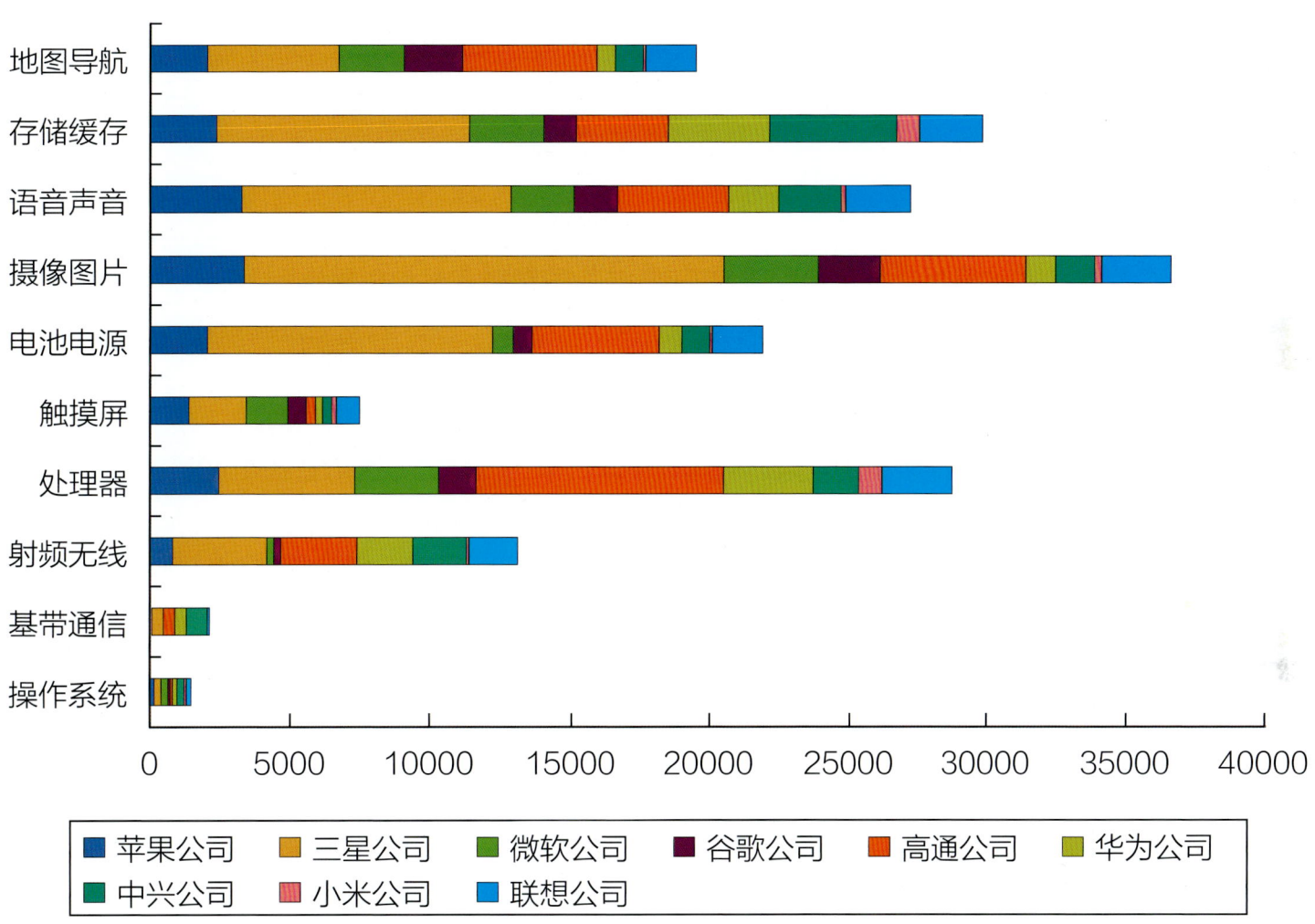

中国智能手机产业发展综述

智能手机用户发展迅速，4G 逐步成为主流。2014 年中国已建成世界最大的 4G 网络，4G 用户发展速度超过 3G 用户，4G 用户数量跃居世界第二位。其中 TD-SCDMA 和 TD-LTE 用户总净增达到 1.43 亿户，比上年净增数多 4000 万户，在用户增量、总量中的份额达到 79.1% 和 57.4%。预计 2015 年中国的 4G 用户将突破 3 亿，成为世界第一。

中国智能终端整机制造实力大幅提升，成为全球增长的重要力量。中国本土企业凭借制造领域的深厚积累、内需和产能的天然优势迅速起步。2014 年中国智能手机出货量达到 3.89 亿部，占手机总出货量 86%，国产智能手机占比达 78%。华为、中兴、联想、小米等企业发展较快，国产智能手机出货量达到 72%，超过国外品牌的整体份额。

马太效应加剧，国产智能手机市场加剧洗牌。小米、华为、联想分别抢占了 14.97%、11.65% 和 10.18% 的市场份额，分别位居市场第一、第三和第五。据 HIS 统计，中国智能手机市场中前 9 家厂商以外其余厂商的市场份额总计不超过 10%，而且国内手机厂商数量也由年初的 88 家降至 59 家，预计这一洗牌的趋势未来仍将延续。

中国移动智能终端系统软件实力得到明显增强。在产业链发展方面，中国典型企业均介入终端操作系统开发，并采取多种技术路线：一是基于 Android 开源系统定制创新出深度不同的操作系统，如中国移动 OMS、联想的 LeOS、百度易 OS、阿里云 OS 等；二是直接基于 Linux 内核原创研发操作系统，如中国联通 WoOS。国产操作系统在功耗、安全、图形显示、Web 引擎等进行技术创新，并初步探索和构建生态系统。

中国终端硬件企业技术水平显著提高。截止 2014 年 10 月底，中国智能手机专利总量 106978 件，其中，中国大陆公司占比超过 50%。在人机交互、低功耗设计和应用与服务方面进行了技术储备。目前，中国在多模通信射频处理芯片、智能感知与智能手机互动、智能终端安全方面进行研发布局。

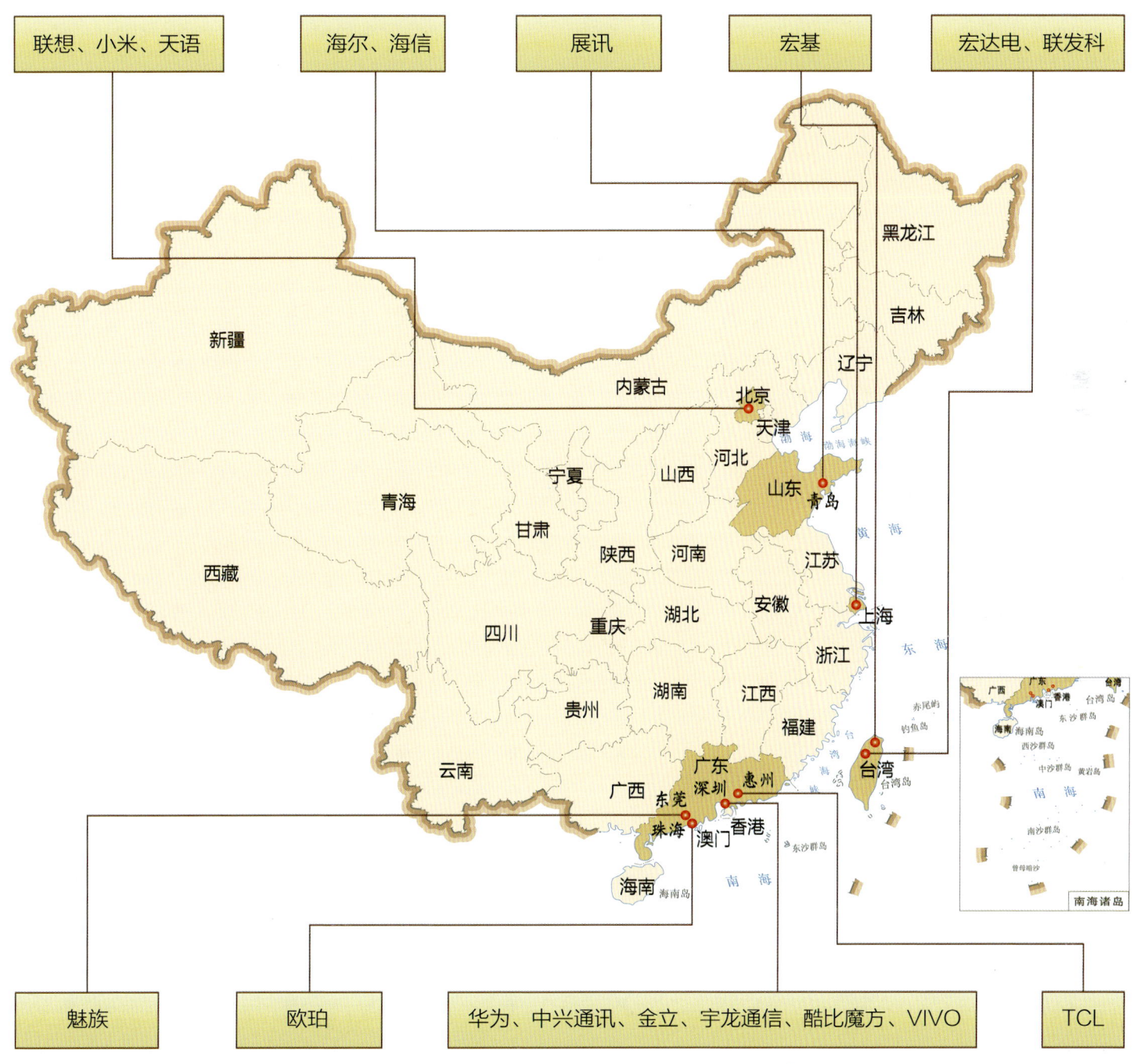

中国智能手机领导厂商主要产品

企业名称	地区	产品与服务类别						
		操作系统	核心硬件与软件				方案设计	整机制造
			芯片	基带	射频	无线		
小米	北京						●	
联想(含摩托罗拉)	北京						●	
华为	深圳	●	●	●	●	●	●	●
宇龙通信(酷派)	深圳						●	
步步高(VIVO)	深圳						●	
欧珀(OPPO)	东莞						●	●
中兴通讯	深圳						●	
TCL(含阿尔卡特)	惠州							
天语	北京						●	●
海尔	青岛						●	●
海信	青岛						●	●
展讯	上海		●	●	●	●	●	
金立	深圳						●	●
酷比魔方	深圳						●	●
魅族	珠海						●	●
宏基	台北						●	
宏达电	新竹		●	●	●	●	●	●
联发科	新竹		●	●	●	●	●	

中国智能手机领导厂商主要动向

企业名称	地区	主要动向
小米	北京	2014年3月，发布红米Note，7月推出小米4；全年共销售手机6112万台，增长227%，含税销售额743亿元，增长135%，市场份额中国第一。
联想（含摩托罗拉）	北京	2014年1月30日，联想集团以29亿美元从谷歌收购摩托罗拉移动；2014全年联想成为真正全球性的厂商，市场份额全球第三；近60%智能手机销量来自于中国以外市场；扩展到近70个国家。
华为	深圳	2014年实行"华为+荣耀"双品牌运作，在多个国家成功进入智能手机第一阵营；全年智能手机发货超7500万台，同比增长40%；互联网渠道的荣耀创立一年，全球销量超过2000万台，增长近30倍。
宇龙通信（酷派）	深圳	2014年，"Coolpad LTE for all"发展策略获得成功，在中国4G手机中排名第一；12月，酷派与360成立合资公司，共同打造酷派集团旗下电商渠道的"大神"手机品牌。
步步高（VIVO）	深圳	2014年1月，VIVO推出国内首款使用指识纹识别技术的手机vivo Xplay3S；12月，全球最薄的智能手机vivo X5Max上市。
欧珀（OPPO）	东莞	2014年3月，发布ColorOS 2.0和搭载全球充电最快最安全的VOOC闪充技术的4G全能旗舰Find 7；6月宣布全线转型4G；10月发布"OPPO Lifestyle"，以手机为核心的OPPO产品生态圈悉数亮相。
中兴通讯	深圳	2014年中兴通讯在LTE基本专利超过815项，全球占比13%；推出"最听话的手机"星星1号及其升级版2号，其语音识别率及反应速度均居全球第一；推出全球首款智能手表Grand Watch。
TCL（含阿尔卡特）	惠州	2014年TCL继续主攻国外市场，依靠TCL和Alcatel两个品牌，手机销量全球第四位，智能手机销量第七位，成为自有品牌手机在海外销量排名第一的中国手机厂商。2015年1月收购Palm，将向高端品牌方向发展。
天语	北京	2014年1月，发布电商品牌Nibiru（尼比鲁），6月成为微软WP8.1系统的OEM制造商。
海尔	青岛	2014年9月，海尔推出专为中老年朋友打造智爱手机A8，力图开启智能老人手机市场。
海信	青岛	2014年2月，推出全球首款拥有手机、平板、电视、机顶盒四大产品特性的"4G跨界手机MAXE X1"；6月，手机产品策略调整为锁定重视质量和体验的中年用户；并计划推出面向年轻人的子品牌VIDAA。
展讯（清华紫光）	上海	2014年1月，展讯进军平板电脑市场，推出平板电脑四核芯片和参考设计（SC5735），发布新一代单核智能手机平台；2月携手Mozilla推出售价25美金智能手机的整体解决方案；发布采用28nm工艺的高集成度四模智能手机平台；9月英特尔和清华紫光合作加速基于英特尔架构移动设备的产品开发和应用。
金立	深圳	2014年1月，推出了天鉴T1、天鉴W808两大旗舰新品；主打超薄、全球最薄、最强拍照、最长待机等概念产品；12月，金立ELIFE独家冠名《中国好歌曲》第二季。
酷比魔方	深圳	2014年，酷比魔方携手Intel，推出全新IWORK系列2合1平板笔记本；携手MTK先后推出全球最具性价比的四核手机平板TALK7X四核和八核手机平板TALK 9X。
魅族	珠海	2014年，完成首轮融资并内部推行股权激励方案；告别单品手机策略，转向多款新品并行的大众品牌路线，推出面向年轻人的全新子品牌魅蓝；和阿里、海尔达成合作关系，共同推动智能生态圈的发展。
宏基	台北	2014年，宏基推出多款Liquid智能手机和智能手环，其中Liquid E700支持三卡。
宏达电	新竹	2014年，把重点转向大陆市场，2月与诺基亚签署专利授权以及技术合作协议，4月与苏宁达成战略合作，发布旗舰机型HTC One，5月首次将部分智能手机制造工作外包；2015年3月推出智能手环Grip。
联发科	新竹	2014年2月，先后发布全球首款八核的4G LTE智能手机单芯片方案、支持64位系统的移动处理器T6732；6月发布可穿戴平台LinkIt；2014年智能手机芯片出货量超过3000万枚，居全球半导体厂商营收前十名。

中国智能手机领域研发机构的地理分布

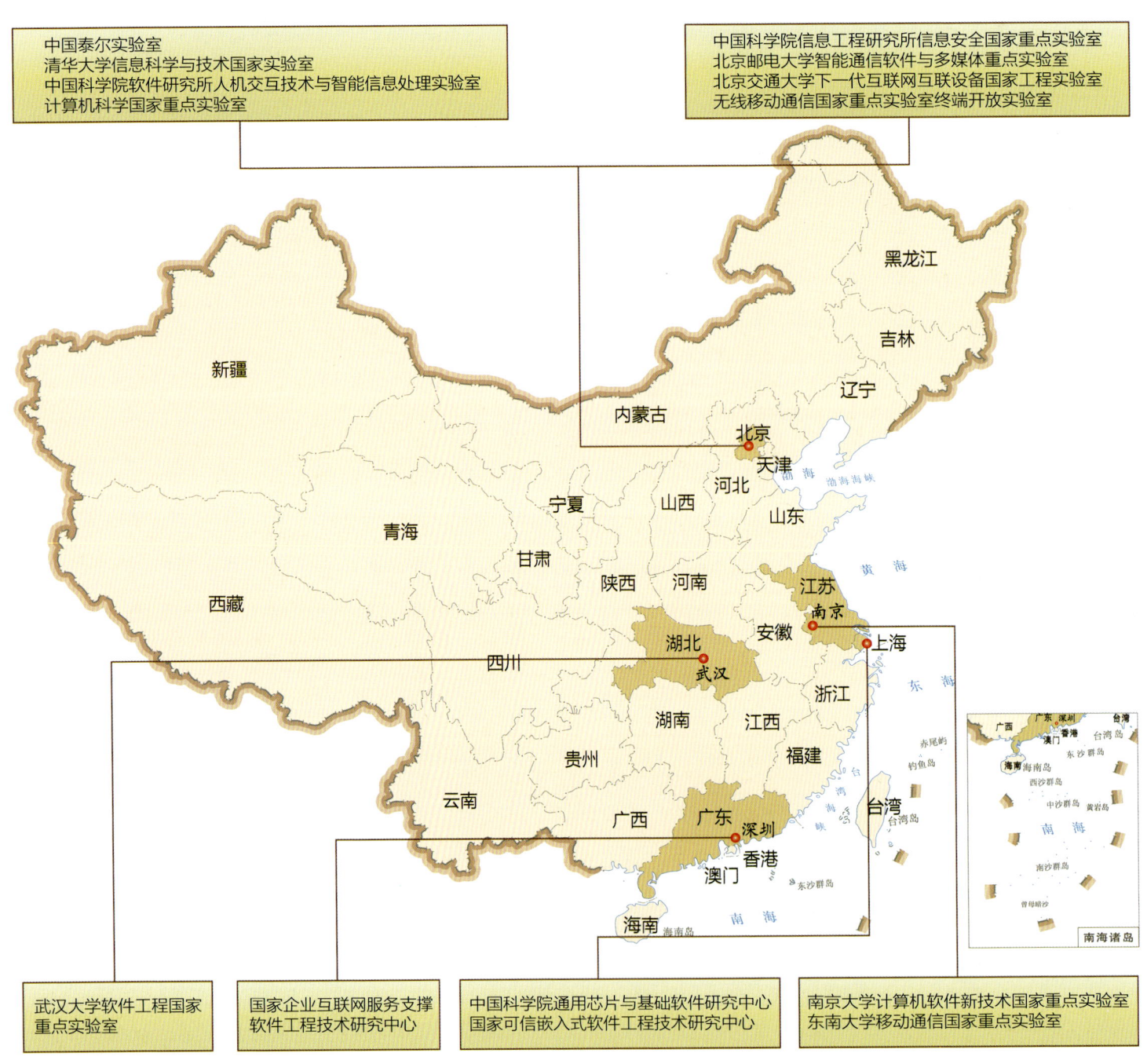

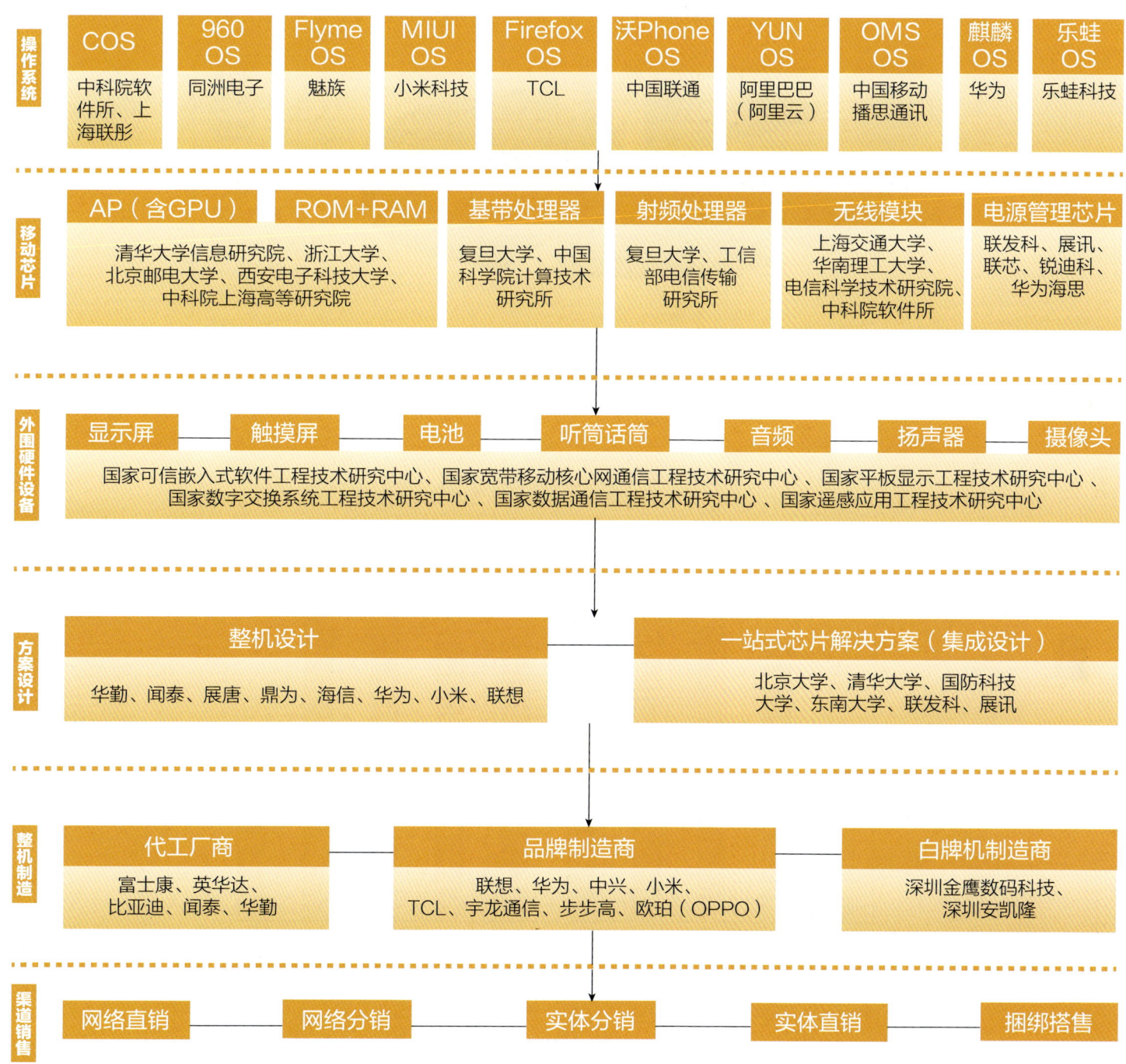

主要智能手机厂商在中国专利申请分布

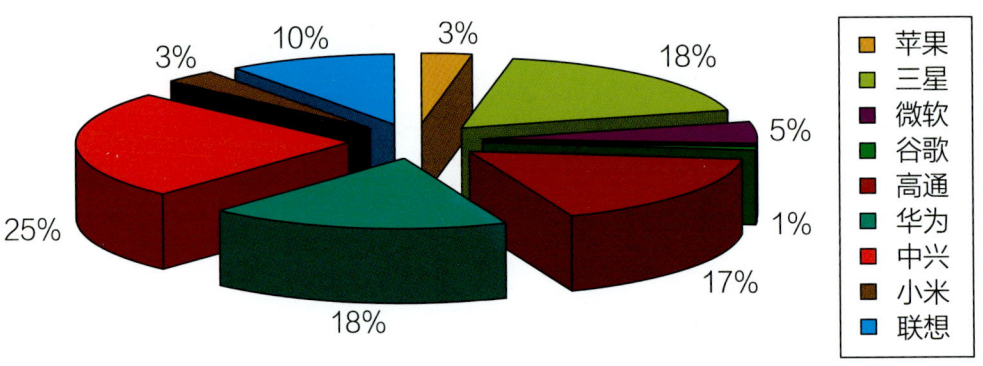

数据来源：德温特世界专利索引数据库（DWPI 数据库）和中国专利文摘数据库（CNABS 数据库），检索区间 2005 年 1 月 1 日至 2015 年 1 月 1 日。

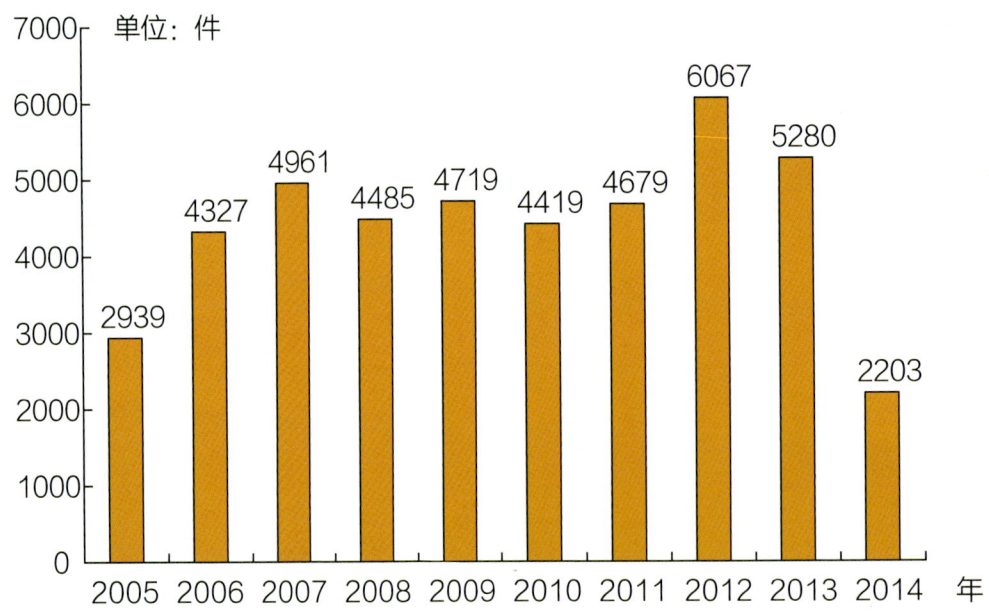

数据来源：德温特世界专利索引数据库（DWPI 数据库）和中国专利文摘数据库（CNABS 数据库）；查询的企业包括：苹果、三星、微软、谷歌、高通、华为、中兴、小米、联想。

主要手机品牌在我国专利总量情况

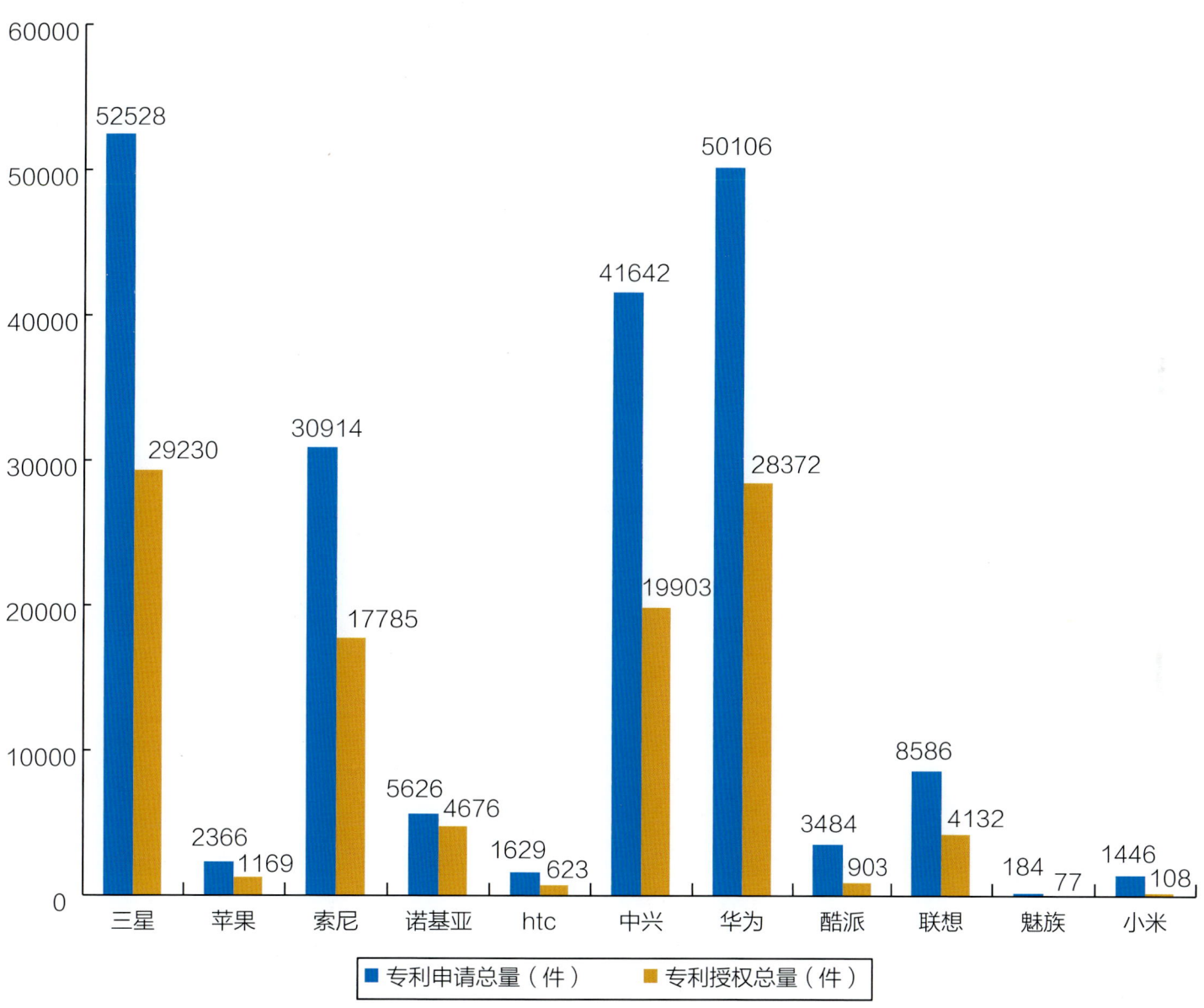

数据来源：PatSnap 中国专利数据库，截至 2014 年 10 月。

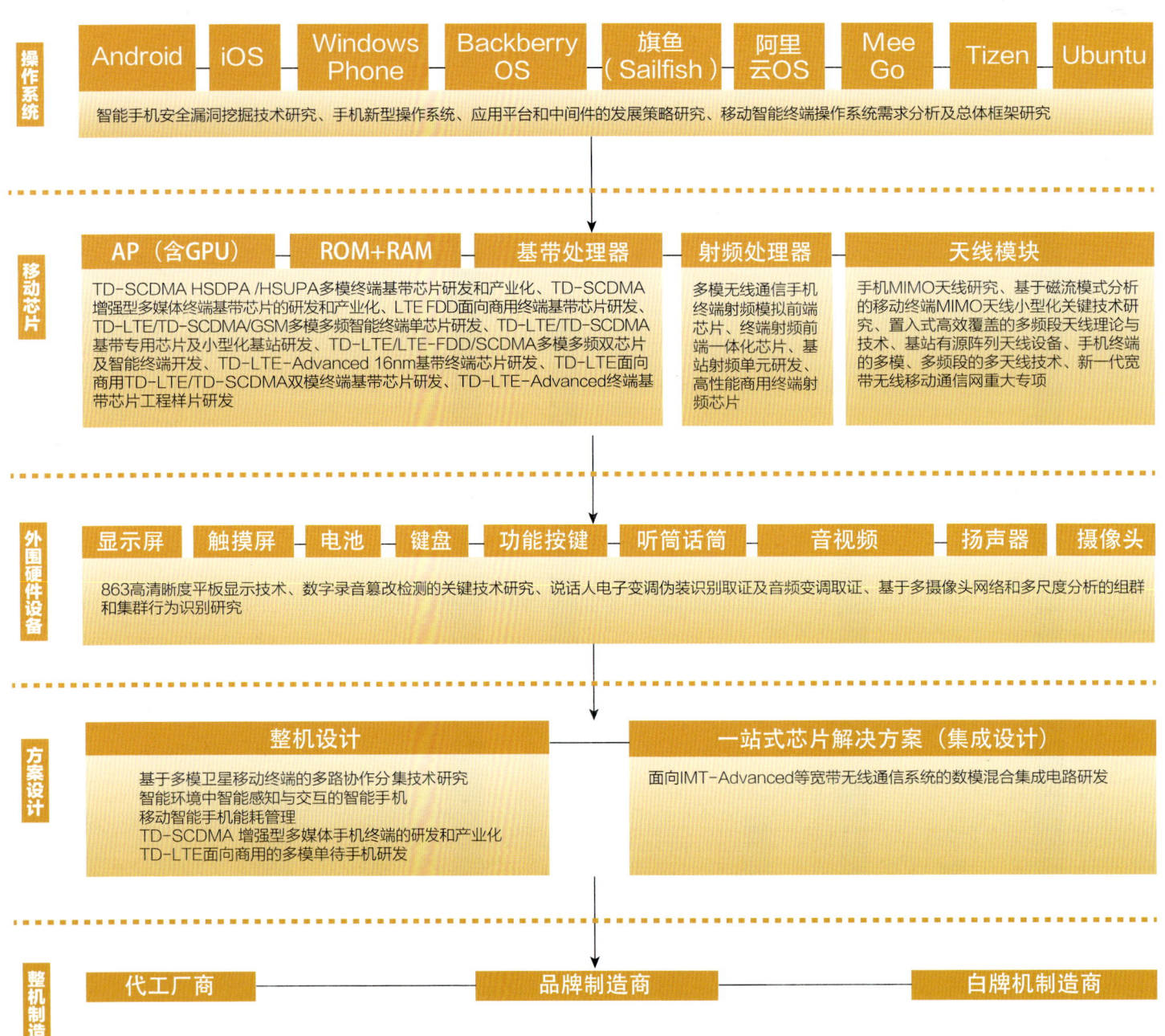

中国智能手机产业政策

分类		主要内容	文件
财政	基础设施	支持城市地区以 3G/LTE 网络为主，辅以无线局域网建设无线宽带城市，持续扩大农村地区无线宽带网络的覆盖范围，加大高速公路、高速铁路的无线网络优化力度	国务院《"宽带中国"战略实施方案》（国发〔2013〕31号）
		统筹 2G/3G/WLAN/LTE 等协调发展，加快 3G 网络建设，扩大网络覆盖范围，优化网络结构，提升网络质量，实现 LTE 商用；3G 用户超过 4.5 亿户，占移动电话用户总数的比例超过 36%；到 2015 年，3G/LTE 用户普及率达到 32.5%。	工信部《通信业"十二五"发展规划》（2012年5月）
税收	税收优惠	推进完善税收优惠适用范围和内容，将农村及边远地区信息通信普遍服务纳入西部大开发等政策优惠范畴，将增值电信企业纳入高新技术企业支持范围。	
金融	融资支持	优化外部融资环境，加快发展由创投企业、金融机构、中介机构组成的金融服务平台，为中小增值电信企业融资提供支持服务。	
研发		重点支持移动智能终端操作系统、网络化操作系统平台等新兴网络化基础软件研发与产业；加强核心芯片设计制造能力，研发低能耗高端路由器芯片、高速接入设备芯片，支持下一代网络的智能终端芯片等核心器件；突破智能搜索等互联网应用关键技术，加快互联网应用基础平台、智能终端操作系统等的研发推广；积极推动产业链协作，构建移动互联网生态体系；加快移动智能终端操作系统平台协作研发，推进操作系统、核心芯片、智能终端等领域取得突破。	工信部《互联网行业"十二五"发展规划》（2012年5月）
人才	人才培养	鼓励企业在人才培养和用人机制等方面，对技术力量薄弱的中西部地区采取适当的倾斜政策。完善科技创新激励机制，提高专业技术人才自主创新和参与科研成果产业化的积极性和主动性。依托重大专项和重点工程，建立和完善产学研合作的人才培养模式。	工信部《通信业"十二五"发展规划》（2012年5月）
	人才引进	支持企业加大重点领域人才资源开发力度，加大经费投入和政策倾斜，引进海内外高层次人才。	
产业规制	准入	申请进网许可的移动智能终端应当符合有关安全的基本要求，检测机构在进网检测时应当依据相关标准进行检测；获得进网许可的移动智能终端新增预置应用软件，或者操作系统升级等应向工信部报备等	工信部《关于加强移动智能终端进网管理的通知》（2013年4月）
		鼓励民间资本参与基站机房、通信塔等基础设施的投资、建设和运维，参股进入基础电信运营市场	工信部《关于鼓励和引导民间资本进一步进入电信业的实施意见》（2012年6月）
	规制	加强对增值电信业务、移动互联网和智能终端的网络安全监管工作；打击计算机和手机病毒利益链，组织开展网络安全联合应急演练，加强重要联网信息系统的安全监测	工信部《互联网行业"十二五"发展规划》（2012年5月）

移动通信芯片产业

移动通信芯片产业链

IC设计

设计平台（EDA工具）
Synopsys、Cadence、Mentor Graphics、概伦电子、华大九天

IP核
ARM、Synopsys、Imagination Technologies、Cadence Design Systems、和芯微电子、华大九天

芯片设计及服务
高通、三星、联发科、NVIDIA、紫光、华为海思、ViriSilicon、格科、联芯、瑞芯、全志

集成电路材料

硅片
Siltronic、信越、SUMCO、MEMC、天津中环、晶盟硅材料、有研新材料、上海新傲

光刻胶
苏州瑞红、北京科华

靶材
宁波江丰、有研亿金、东方钽业

化学试剂
华谊微电子、上海化学试剂所、苏州瑞晶、上海新阳

高纯气体
液化空气、普莱克斯、光明化工院

研磨液
凸版光掩模

电镀液
新阳半导体

抛光液
Rodel、杜邦、安集微

EMC
日月光、三井高科、柏斯高微电子

树脂产品
上海合成树脂所、上海化研塑料

芯片制造

晶圆制造

大规模数字IC
英特尔、三星、台积电、中芯国际、华虹NEC、上海宏力、和舰科技、新加坡特许半导体、凸版中芯彩晶、武汉新芯、格罗方德

模拟IC
上海先进、上海新进、华润华晶、昂宝电子

数模混合IC
华虹NEC、上海宏力、华润上华、渝德半导体、成芯半导体、首钢NEC

封装测试
英特尔、飞思卡尔、晶方科技、江苏新潮、南通华达、威讯联合、日月光、瑞萨、三星、上海华岭、安靠、星科金朋、天水华天、SPIL

集成电路设备

光刻机
ASML、尼康、中科信、上海光刻、上微电子

刻蚀机
泛林、日立、北方微电子、中微、应用材料

离子注入机
凯世通、应用材料、三柳电子、中科信

CVD
东电电子、应用材料、中微、北方微电子、七星电子

单晶炉
普瑞道、上海光机所、天津环欧

清洗设备
网屏、盛美、东电电子、七星电子

化学机械抛光机
精井机电、中电技术、应用材料、上海光机所、盛美

PVD
东电电子、应用材料、北方微电子

封装设备
东电电子、中微半导体、江阴长电

测试设备
科磊、睿励科学仪器、泰瑞达、爱德万

移动芯片产品

基带处理器
高通、三星、联发科、Marvell、intel、紫光、RDA、联芯、华为海思、瑞芯、中兴

应用处理器（AP）
三星、高通、联发科、NVIDIA、Marvell、英特尔、AMD、紫光、君正、瑞芯、中星微、格科、NXP、意法半导体

射频芯片
RFMD、Skyworks、锐迪科、海思、MTK、高通、展讯、英飞凌

SIM卡
苹果、中星微、大唐微电子、同方国芯、金雅拓、广芯电子

存储器
三星、Micron、sk海力士、东芝、Sandisk、MagnaChip、飞索、山东华芯

传感器
Elmos、TI、三星、索尼、大华股份、航天电子、杭州士兰、华工科技、汉威电子

音频处理
Wolfson、威盛、Cirrus Logic、博通、瑞芯、歌尔声学

多媒体芯片
格科微、中星微、美满微、锐迪科

电源管理芯片
Linear technology、TI、贝克瓦特、MTK、飞兆半导体、昂宝、海思、MTK、高通

LED驱动芯片
TI、NS、NXP、台湾聚积、美国美信、杭州士兰、昂宝

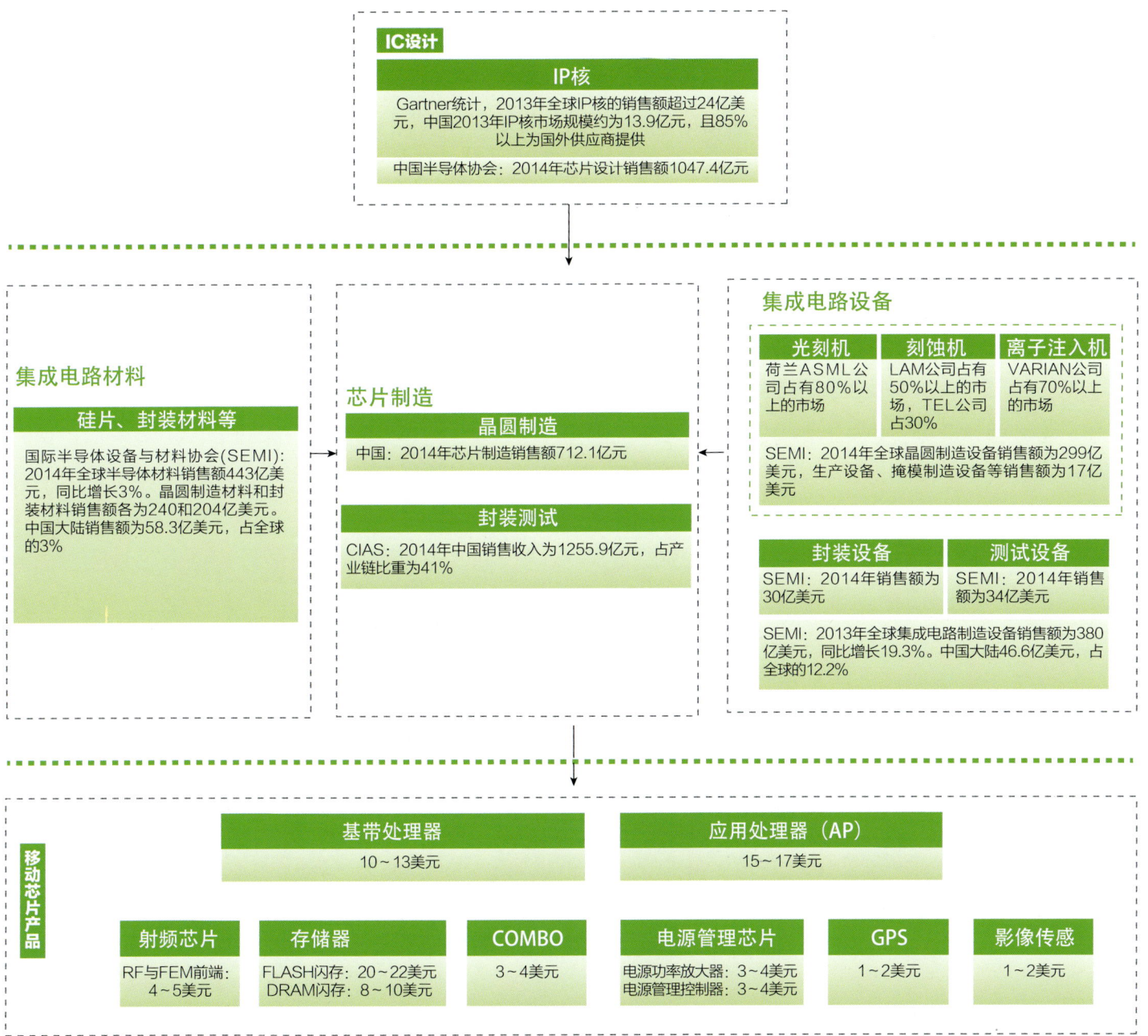

全球移动通信芯片产业发展综述

移动智能终端取代 PC 成为全球集成电路发展的新市场和新动力。移动通信芯片初步呈现以应用处理芯片（AP）和通信基带芯片（BB）并重的发展格局，通过技术升级加速向可穿戴设备、智能电视等其他领域渗透发展，带动操作系统、API 接口、应用等同步优化。

自 2012 年移动芯片销售额首次超过 PC 芯片后，2014 年移动芯片持续稳居宝座，销售额约 707 亿美元，占整体芯片产值 25%，预计 2015 年将再攀升至 784 亿美元。ARM、高通、苹果、三星等移动通信厂商开始超越传统领导者。全球 95% 的智能终端采用了 ARM 架构的移动芯片，2014 年 ARM 公司技术授权收入高达 580 亿美元。高通公司 2014 年的营业收入达到 265 亿美元，占有基带芯片市场 66% 的份额，联发科占有 17%，英特尔则不足 5%。

多模多频成为芯片设计重点。2G/3G/LTE 等多网长期共存带动了多模多频的通信芯片需求。高通于 2012 年推出包括全部移动通信模式的六模基带芯片，联发科于 2014 年 2 月推出了 MT6595 移动芯片，成为全球首款支持 4G LTE 的八核处理器。2013 年上半年全球多核应用处理芯片的渗透率达到 2/3 。多功能集成单芯片在全球手机出货中占比超过 50%，中国接近 90%。

集成电路制造是产业发展的核心。2014 年，制造业、IC 设计业、封装测试业分别占全球半导体营业收入的 50%、27% 和 23%。移动芯片制造工艺升级节奏加快，并通过产业分工、深化合作共同推进。2013 年，28nm 已成为移动芯片主流工艺节点，2014 年工艺进一步向 20nm 推进。英特尔可用于移动芯片的 22nm 三维晶体管技术面世。台积电也在加大 20nm、16nm 的建设投资力度，2014 年代工 20nm 苹果 A8，有可能在 2015 年升级至 16nm A9/A9X。

全球移动通信芯片领导厂商地理分布

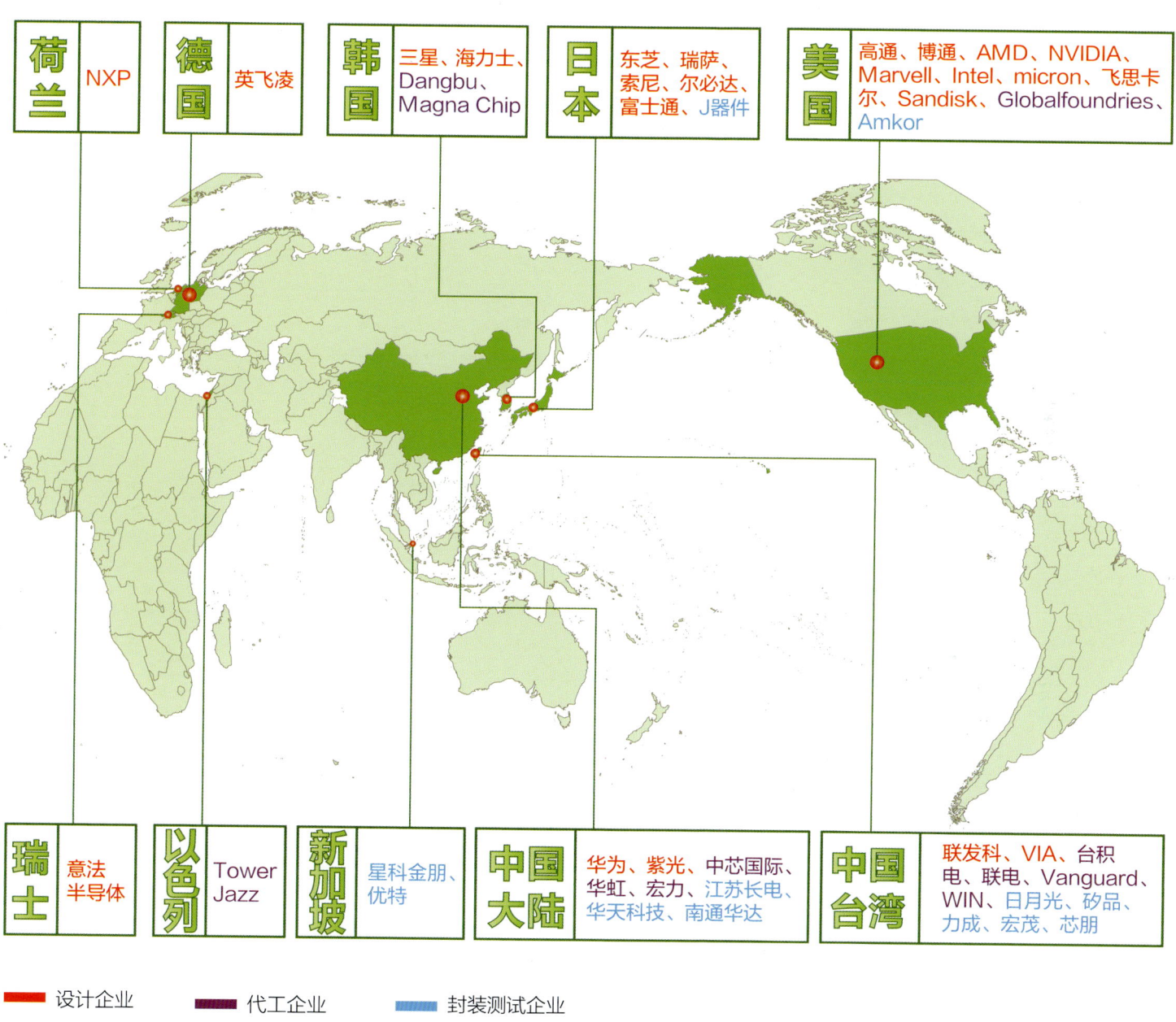

全球移动通信芯片领导厂商主要产品

企业名称	CPU	基带芯片	GPU	射频芯片	存储器	其他
高通	●	●	●	●		
三星	●	●	●	●	●	
联发科	●	●	●	●		●
紫光	●	●	●	●		●
华为海思	●	●	●	●		●
NVIDIA			●	●		●
Marvell		●	●			
AMD	●		●			
苹果	●					
TI						●
Intel	●	●	●			
skyworks				●		
英飞凌		●		●		
SK 海力士					●	
联芯	●	●	●	●		
瑞芯	●	●	●			

全球移动通信芯片领导厂商主要动向

企业名称	国家/地区	动向
高通	美国	作为全球最主要的移动通信芯片厂商，2014年AP市场占有率达53%。2013年在美国获得专利2103件。高通每年投资都在30亿美元以上。Snapdragon芯片被应用在多款最新型号的智能手机中，众多基带芯片支持LTE多模。
Intel	美国	2013年推出了Atom Z2580、Atom Z3740等手机芯片，但全球份额不到1%。2013年、2014年英特尔移动芯片业务累计亏损70亿美元。2014年11月宣布合并PC和移动芯片业务，入股清华紫光和瑞芯。
三星	韩国	2013年在美国获得专利4675件。Exynos系列处理器占据1/4的市场。2013年芯片采购支出为222亿美元，同比增加了近30%。2014年成功研发出4GB闪存芯片，开始量产用于固态硬盘的3 bit MLC 3D V-NAND闪存。
联发科	中国台湾	采取低功耗/中高性能+廉价全套解决方案。四核MT6589/MT6589T成为中国国产机的标配。新推Cortex A17核心架构，正式发布首颗4G SoC芯片MT6595。2014年营业收入同比增长56.6%至2130.63亿元新台币（约423亿人民币）。
紫光	中国	2013年先后收购展讯和锐迪科，2015年再次收购华三通信。2014年紫光芯片出货量超过5亿颗，一跃成为移动通信芯片领域的前五位企业。旗下展讯2014年先后推出了三模LTE调制解调器SC9620、五模制式的SC9830。
AMD	美国	业内唯一一个可以提供高性能CPU、高性能独立显卡GPU芯片、主板芯片组三大组件的半导体公司。2013年推出Richland APU。2014全年收入55.1亿美元，增长4%。
Marvell	美国	2014年发布了两款64位五模4G SoC芯片PXA1908和PXA1936。
NVIDIA	美国	GPU的领导厂商，Tegra 4芯片占据全球1/10的市场。2014财年GPU营业收入为34.68亿美元，Tegra处理器业务营收额3.98亿美元。
苹果	美国	2013年芯片采购支出达303亿美元，位居全球榜首。计划自建研发团队开发基带处理器，由三星电子和Globalfoundries制造。
ARM	美国	采用ARM架构IP核的移动通信芯片超过53%。2013年推出全新IP组合包括ARM Cortex-A12 CPU、Mali-T622 GPU、视频IP解决方案Mali-V500，锁定未来两年全球5.8亿台中价位移动终端。2014年成功研发出64位芯片。
英飞凌	德国	主业是汽车电子、工业功率控制、电源管理、智能卡与安全。连续十年位居世界功率半导体市场榜首，拥有41000项专利。2014年营业收入同比增加12%，达到43.2亿元。
博通	美国	由于移动和无线业务利润下降，2014年宣布退出移动通信芯片（基带处理器芯片）市场。
华为海思	中国	2014年推出海思麒麟920，全面采用8核SoC架构及28纳米HPM工艺，9月与台积电合作产出全球第一颗基于16nm FinFET制造工艺、ARM架构的网络处理器。
联芯	中国	2014年推出五模LTE SoC智能终端芯片LC1860，可用于智能手机和平板电脑。计划进入移动支付、可穿戴设备市场和虚拟运营商市场。

全球移动通信芯片专利概况

移动通信芯片的专利竞争非常激烈。发明专利通过技术标准规范的方式，建立了移动通信芯片设计的架构、制造工艺和应用领域。具有核心知识产权的主导企业掌握着行业的创新方向、商业模式和盈利能力。

到2014年，全球有关ARM处理器设计和制造的专利申请量达到1392件。移动芯片的领军厂商美国高通公司的业务涵盖3G、4G芯片组、系统软件以及开发工具、产品和解决方案。高通在美国涉及无线通信的专利数高达14819件，其中，4234件是CDMA的专利。全球180家通信设备制造商与其有专利关系。高通公司通过收取整机售价5%的专利使用费，2014年专利授权等技术收入高达76.6亿美元，占总收入的28.5%。高通垄断了中国4G芯片80%的市场，由于其在CDMA、WCDMA、LTE无线通信标准必要专利许可市场和基带芯片市场具有支配地位，并实施了滥用市场支配地位的行为，2014年国家发改委对其征收了60亿元的反垄断罚款。

中国成为集成电路和移动通信芯片的主要目标市场。产业链各环节的领导厂商不断加强在中国的专利申请、维护和利用力度。

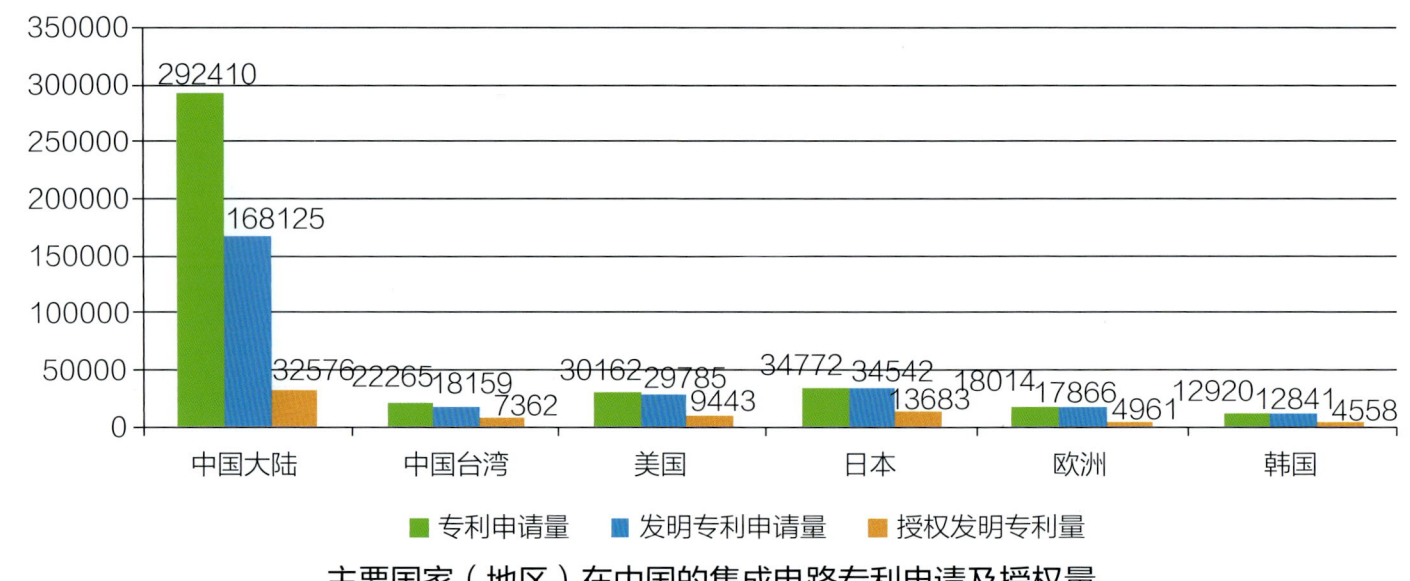

主要国家（地区）在中国的集成电路专利申请及授权量

数据来源：国家知识产权局，截至2014年12月31日。

全球移动通信芯片产业创新政策

国家	分类	政策内容
美国	知识产权	国会制定了《1984年半导体芯片保护法》,填补了版权和专利等知识类型法律制度的缺陷,甚至对集成电路产品的保护延伸到使用了侵权器件的电子整机系统。
	研究开发	2005年SRC推出了产学研合作的政府—纳米电子学研究计划(NRI)和半导体技术先进研究网络(STARNET)。STARNET至今仍在执行,支持着六个大学间合作研究中心。未来五年(2013—2017年),STARNET将资助近1.9亿美元的研究:超过7500万美元来自DARPA,1.13亿美元来自工业财团。
	财税	CIA建议将美国集成电路企业税率从35%降低到OECD国家平均25%的税率以下,并延长研发费用税收抵抗政策。
日本	法规	1985年以后,日本没有再颁布针对以半导体为基础的电子、信息产业的专门法规,而是通过综合性法规在整体上推动包含半导体在内的高新技术的发展,其中较为重要的是于1995年出台的《科学技术基本法》。
	研究开发	从超大规模集成电路计划到SoC基础技术开发计划等一系列半导体研究计划,均由日本政府牵头,日本半导体产业在20世纪一度称雄世界。
	并购	2012年2月,日本官方支持的"日本产业革新机构(INCJ)"确定将拿出近100亿日元(约合12亿美元)的资金帮助瑞萨、富士通与松下3家企业整合彼此的半导体业务。
欧洲	规划计划	2014年7月发布《欧洲微型和纳米电子元器件及系统战略路线图》。具体部署:一是强化需求,聚焦物联网,2014年推行"万物智能"和"灯塔"两个重点项目;二是强化供应链和生产能力,设立欧洲半导体制造业产能提升计划、半导体设计企业支持计划、创新生态系统合作计划以及前沿技术布局计划等四个支柱计划;三是强化基础设施建设,加强产业链的垂直整合,建立产品统一标准和共性研究方法,建立统一的EDA工具平台支持建模、仿真和验证。
	投资	欧盟宣布计划将半导体的全球市场份额增加一倍以上,2013年和2020年之间,在微纳米器件领域投资近1400亿美元,目标是比美国生产制造更多的半导体。
韩国	财政	1986年,韩国政府制定了《半导体信息技术开发方向的投资计划》,每年向半导体产业投资近亿美元。2011年,由知识经济部牵头,韩国政府组成1500亿韩元(约1.32亿美元)的半导体基金会,以支持IC设计等中小半导体企业发展。
中国台湾	集群政策	在新竹科技园等地区建立集成电路产业化基地,为企业提供良好的技术支撑服务平台及产业配套服务环境。
	财税	成立"国发基金"向台积电、联电企业发放政策性投资;鼓励大企业参股融资。台湾半导体企业可享受"免税五年"及"投资抵减"优惠,风险投资机构投资高科技企业也予以抵税。
	产业规制	为吸引大陆资金,台湾地区在2011年公布的第二批陆资赴台投资开放名单中,半导体产业成为重点开发大陆投资的领域之一,并明确现有企业可参股10%,新设企业可参股50%的条件。
印度	财税	实施半导体产业投资奖励条例,对投资企业10年内可享受投资额20%~25%的补助,同时还享有减免税收、无息贷款等优惠措施。

我国移动通信芯片产业发展综述

智能移动终端成为中国集成电路市场新的应用热点,对应用处理器(AP)、基带、射频、触摸屏控制等芯片需求快速增加,推动中国成为全球最大、增长最快的集成电路市场。据国家统计局统计,2014年我国共生产集成电路1015.5亿块,实现销售产值2915亿元,同比增长8.7%。通信类集成电路销售额为411亿元,占集成电路市场份额的16%,同比增长32%。通信芯片的市场规模已接近PC芯片的两倍。

我国移动通信芯片已初步实现核心技术和市场应用的双突破。移动芯片国产化率和全球影响力得到快速提升,各细分领域出现一批领军企业,产品线日趋丰富、销售额逐步攀升。在多模基带芯片、多核应用处理芯片、多集成单芯片等重点领域均取得关键突破,华为海思、展讯通信研发的智能手机基带芯片及解决方案已进入主流市场。2014年9月海思半导体与台积电合作推出首款16nm FinFET 64手机位芯片,IC设计业先进设计技术水平提升至16nm。

我国移动通信芯片企业对基础架构的理解和软硬件优化能力不断提升。中芯国际在移动芯片制造环节已实现28nm工艺量产;离子注入机、刻蚀机、溅射靶材等进入8英寸或12英寸生产线。在国家科技重大专项的支持下,自主研发出国产高端光刻机。

移动通信芯片产业政策不断完善。2014年国务院发布了《国家集成电路发展推进纲要》。2014年10月,国家集成电路产业投资基金正式成立,一期投资规模达1200亿元,重点吸引大型企业、金融机构以及社会资本,减少政府对资源的直接配置,实现效益最大化和效率最优化。并通过创新信贷产品和金融服务、支持企业上市和发行融资工具等对产业给予支持。

我国移动通信芯片产业领导厂商地理分布

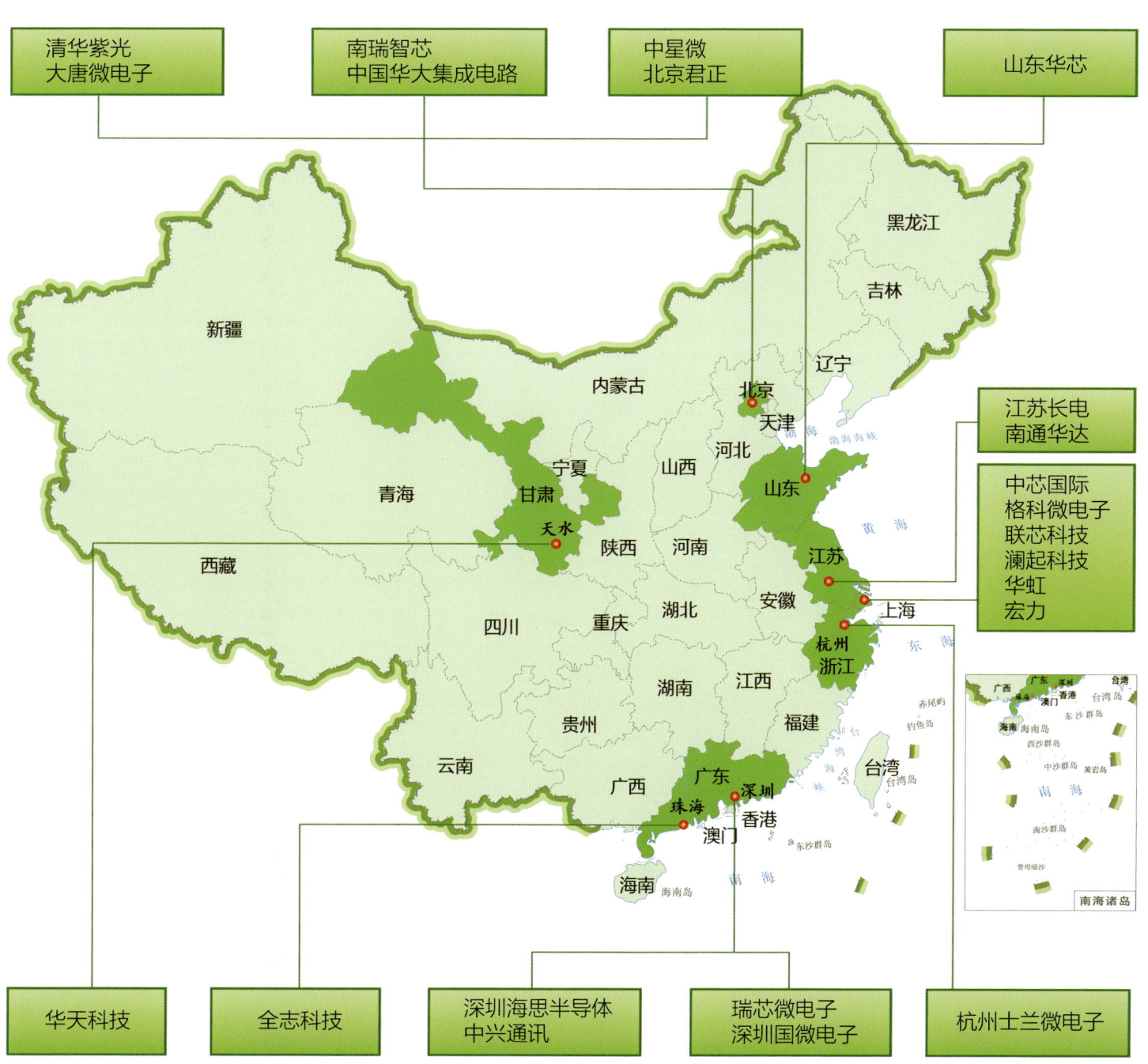

我国移动通信芯片设计企业的主要产品

企业名称	地区	应用处理器	射频芯片	存储器	多媒体
华为海思	深圳	●	●		
紫光	北京	●	●		
瑞芯	福州	●	●		
中兴通讯	深圳	●	●		
全志科技	珠海	●	●	●	●
中国华大	北京				●
格科微电子	上海				●
联芯科技	上海	●	●		
中星微	北京				●
杭州士兰	杭州				●
北京君正	北京	●			●
国民技术	深圳		●		
华力创通	北京	●			
山东华芯	山东			●	
昂宝	上海				●

我国移动通信芯片设计领导厂商主要动向

企业名称	区域	主要动向
清华紫光	北京	2014年集成电路业务销售收入超过90亿元，旗下展讯通信和锐迪科微电子的移动通信芯片出货量分别为4.5亿颗、1亿颗，分列全国排名第一和第二位。2015年国家集成电路产业投资基金、国家开发银行将联合向紫光集团注资、融资300亿元，用于发展集成电路。
华为海思	深圳	2014年发布麒麟920，以其卓越的通信能力和整体性能，帮助华为荣耀6迈上新台阶。将要发布的麒麟930率先导入台积电新一代16nm FinFET+试产。
展讯通信	上海	2013年7月，清华紫光以17.8亿美元收购展讯通信全部股权。2014年推出C9620多模LTE基带芯片、SC8800G系列基带芯片以及SC8735S多模四核智能手机平台，用于联想、酷派等品牌手机。
联芯科技	上海	2014年推出了4G LTE芯片LC1860，采用28nm工艺，覆盖五种模式和13个频段。
杭州士兰	杭州	以IDM（设计与制造一体）模式开发高压高功率的特殊集成电路、半导体功率器件与模块、MEMS传感器、LED芯片和彩屏像素器件等为特色。2014年营业收入的增长主要来自LED照明驱动电路出货量的快速增长。
中兴	深圳	2014年中兴推出讯龙7510，采用28纳米CMOS先进工艺，支持TDD-LTE/FDD LTE/TD-SCDMA/GSM四模十八频，已应用在mifi、CPE、平板电脑、行业终端产品上，已经大批量上市发货。
瑞芯微	福建	最初为MP3播放器生产芯片，后发展为平板电脑处理器生产商。2013年惠普选择了瑞芯微电子一款处理器用于其Slate 7平板电脑。2014年5月宣布与英特尔联合开发处理器，推出了3G通信方案XMM6321。
盈方微	上海	2014年推出iMAPx9系列16纳米64位移动智能终端处理器。
格科微电子	上海	主要从事CMOS图像传感器的设计开发和销售，在国内市场图像传感器中低端市场占有率第一。2014年3月获中国半导体行业协会"2014年中国十大集成电路设计企业奖"。
中电华大	北京	主要面向智能卡和物联网应用，是国内唯一一家同时掌握13.56MHz/900MHz/2.45GHz技术的公司，获"2014中国RFID行业年度最有领导力芯片企业"。
国民技术	深圳	国内主要的移动支付芯片及电子商务平台提供商。由于自主研发的RCC移动支付产品不符合金融行业移动支付标准（NFC13.56MHz技术），造成2014年较大亏损。
华力创通	北京	GNSS卫星导航基带芯片及解决方案提供商。2014年上半年，公司进行卫星移动通信芯片—模块—终端测试仪的产品布局。基于国家科技重大专项，继续进行小型化、低功耗卫星移动通信终端的核心元器件的基础研究，取得技术突破。
山东华芯	山东	2012年研发成功国内首款超高速安全主控芯片。2014年承担的国家"核高基"重大专项"嵌入式存储器IP核开发及应用"课题顺利通过验收。
昂宝	上海	研制生产电源管理及LED系列芯片。
重邮信科	重庆	2014年推出C6310Plus一款TD芯片，基于三星28nm HKMG工艺，采用ARM Cortex-A7内核，四核Mali-400 GPU，集成1300万像素ISP，支持TD-SCDMA和GSM双卡双待，1080P视频解码。

我国移动通信芯片研发机构在产业链的分布

产业创新与竞争地图 第二辑

IC设计

设计平台（EDA工具）
上海硅知识产权交易中心、中科院集成电路EDA中心、西安电子科大、电子科大、浙江大学

IP核
工信部电子工业标准化研究所、国防科技大学、软件与集成电路促进中心、西安电子科大、电子科大、哈工大

芯片设计及服务
中科院电子所、中科院半导体所、甸子镇科大、复旦大学、西安电子科大、中科院微电子所、上海北京大学微电子研究院、清华大学、浙江大学、中科院计算技术所、中科大

集成电路材料

硅片
有研新材料、西安电子科大、电子科大、浙江大学

光刻胶
浙江大学、电子科大、西安电子科大

靶材
有研亿金、西安电子科大、电子科大

化学试剂
上海华谊、上海化学试剂研究所、北京化学试剂研究所

高纯气体
光明化工院、中核红华、中船718所

研磨液
浙江工大、上海交大、大连理工

电镀液
哈工大、上海交大、湖南大学

抛光液
河北工大、大连理工、浙江大

EMC
西安电子科大、电子科大、北京邮电大学

树脂产品
电子科大、西安电子科大、复旦大学、浙江大学

芯片制造

晶圆制造

- **大规模数字IC**：中科院微电子所、中科院电子学所、西安电子科大、电子科大、浙江大学、国防科大、湖南大学
- **模拟IC**：中科院微电子所、电子科大、西安电子科大、浙江大学、复旦大学
- **数模混合IC**：中科院微电子所、电子科大、西安电子科大、浙江大学、华中科大、复旦大学

封装测试
电子科大、西安电子科大、复旦大学、上海交大、华南理工大学、天津大学、浙江大学、清华大学

集成电路设备

光刻机
华中科大、中科院光电所、浙江大学

刻蚀机
上海交大、清华大学、中科院微电子所

离子注入机
国防科大、中科院微电子所

CVD
中科院微电子所、电子科大

单晶炉
西安理工、有研新材料

清洗设备
电子科大、西安电子科大

化学机械抛光机
国防科大、大连理工、河北工大、江南大学、中科院

PVD
电子科大、西安电子科大、复旦大学、中科院

封装设备
电子科大、西安电子科大、华中科大、上海交大

测试设备
电子科大、西安电子科大、浙江大学、复旦大学

移动芯片产品

基带处理器
中科院、清华大学、北京邮电大学、电子科大、西安电子科大、重庆邮电大学

应用处理器（AP）
国防科技大学、中科院、上海高性能集成电路设计中心、电子科大、西安电子科大、复旦大学、国防科大、华中科大、北京邮电大学

射频芯片
中科院半导体所、中科院微电子所、西安电子科大、电子科大、天津大学

SIM卡
中电集团、复旦大学、公安部第一研究所

存储器
国防科技大学、清华大学、华中科技大学、中科院计算技术所

传感器
中科院、北京大学、浙江大学、北京邮电大学

音频处理
中电集团、中科院声学所、清华大学、上海交通大学、电子科大、国防科大

多媒体芯片
中科院微电子所、重庆邮电大学、电子科大、西安电子科大

电源管理芯片
浙江大学、西安电子科大、电子科大、复旦大学、中科院

LED驱动芯片
中科院、西安电子科大、浙江大学、电子科大、华中科大

我国移动通信芯片研发基地的地理分布

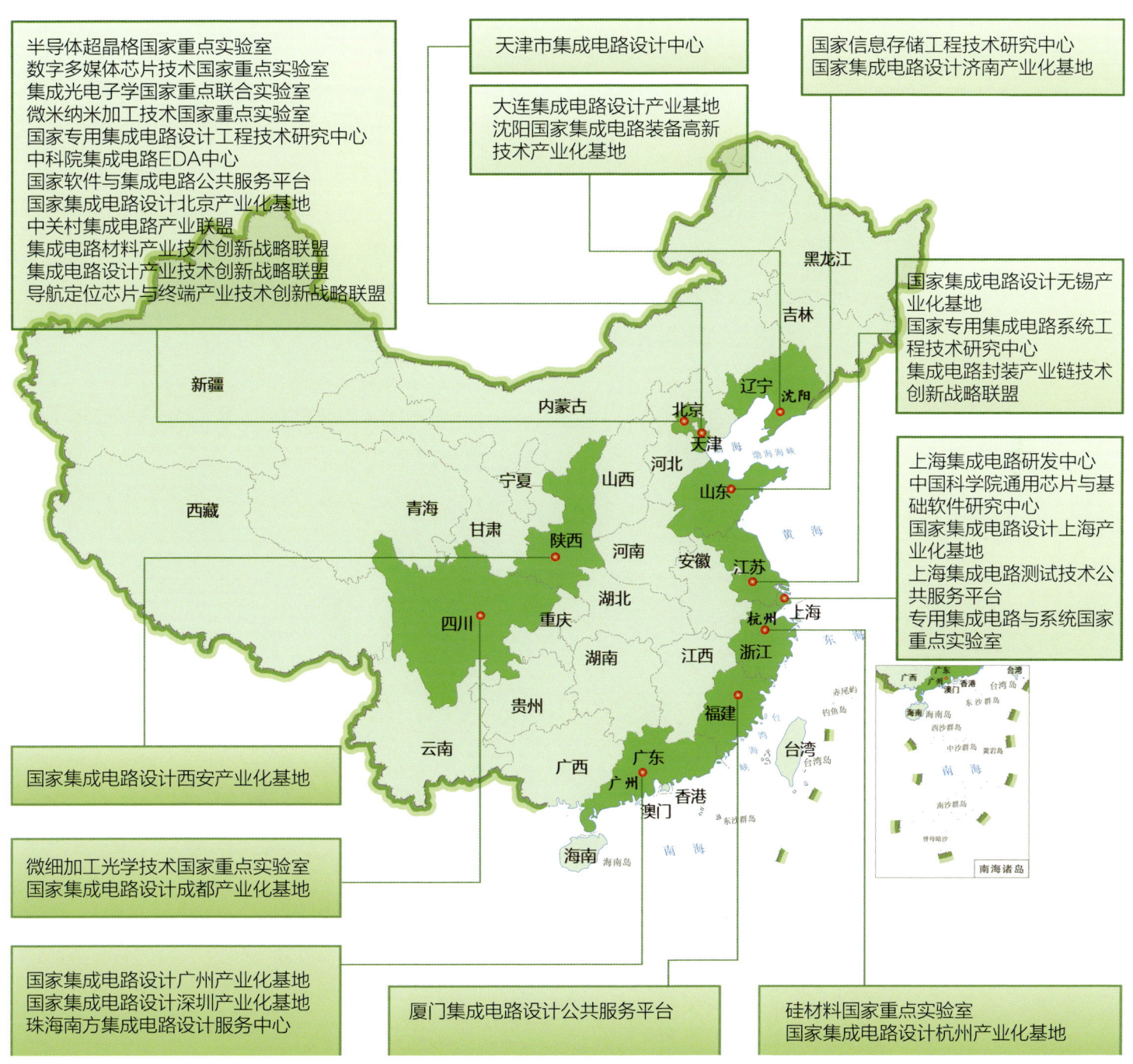

我国移动通信芯片知识产权概况

据国家知识产权局统计,到 2014 年 12 月 31 日,在中国申请的集成电路专利数累计为 292410 件,其中发明专利为 168125 件。另据国家知识产权局专利信息中心的专利检索显示,到 2014 年 12 月,在中国申请的半导体器件(H01L)类别下的专利共有 211827 件,其中国内企业申请量占 56.3%,国外企业占 43.7%,其中日本企业占 21.8%,美国企业占 8.7%。三星和松下的申请量位居前列。

集成电路制造是我国集成电路产业链上专利申请最多的环节,如中芯国际专利申请量增加到 4378 件。其次是设计环节,尤其是存储器相关的专利。封装测试环节的专利申请较少。

截至 2014 年 12 月 31 日,我国集成电路领域中的设计类专利检索结果共有 184518 件。其中发明专利申请 96143 件,实用新型 86605 件。获得授权的发明专利 30858 件。

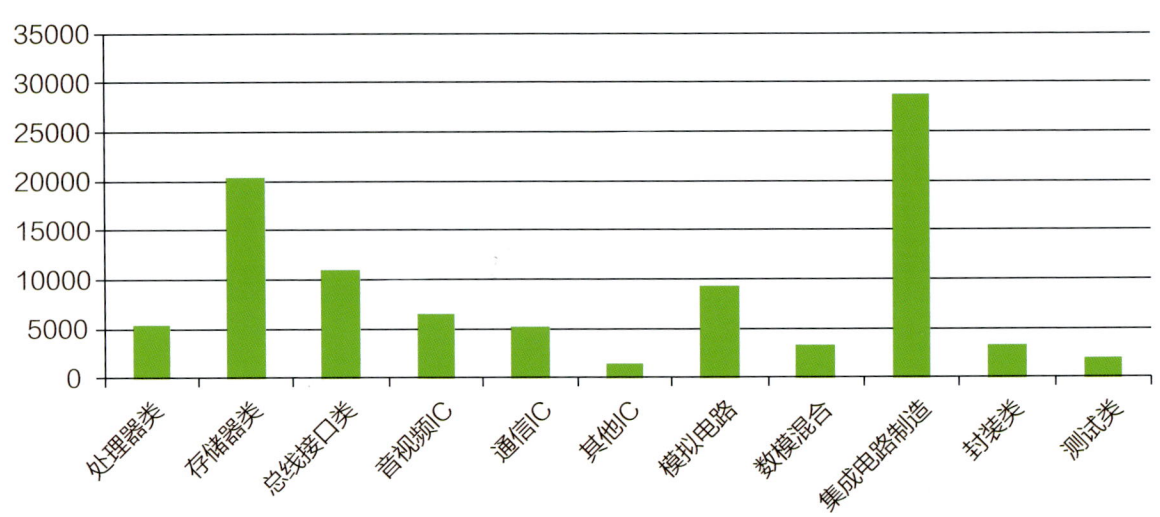

全国集成电路产业链上的发明专利授权累计数(到 2012 年底)

数据来源:国家知识产权局,截至 2014 年 12 月 31 日。

国家科技计划在移动通信芯片产业链的布局

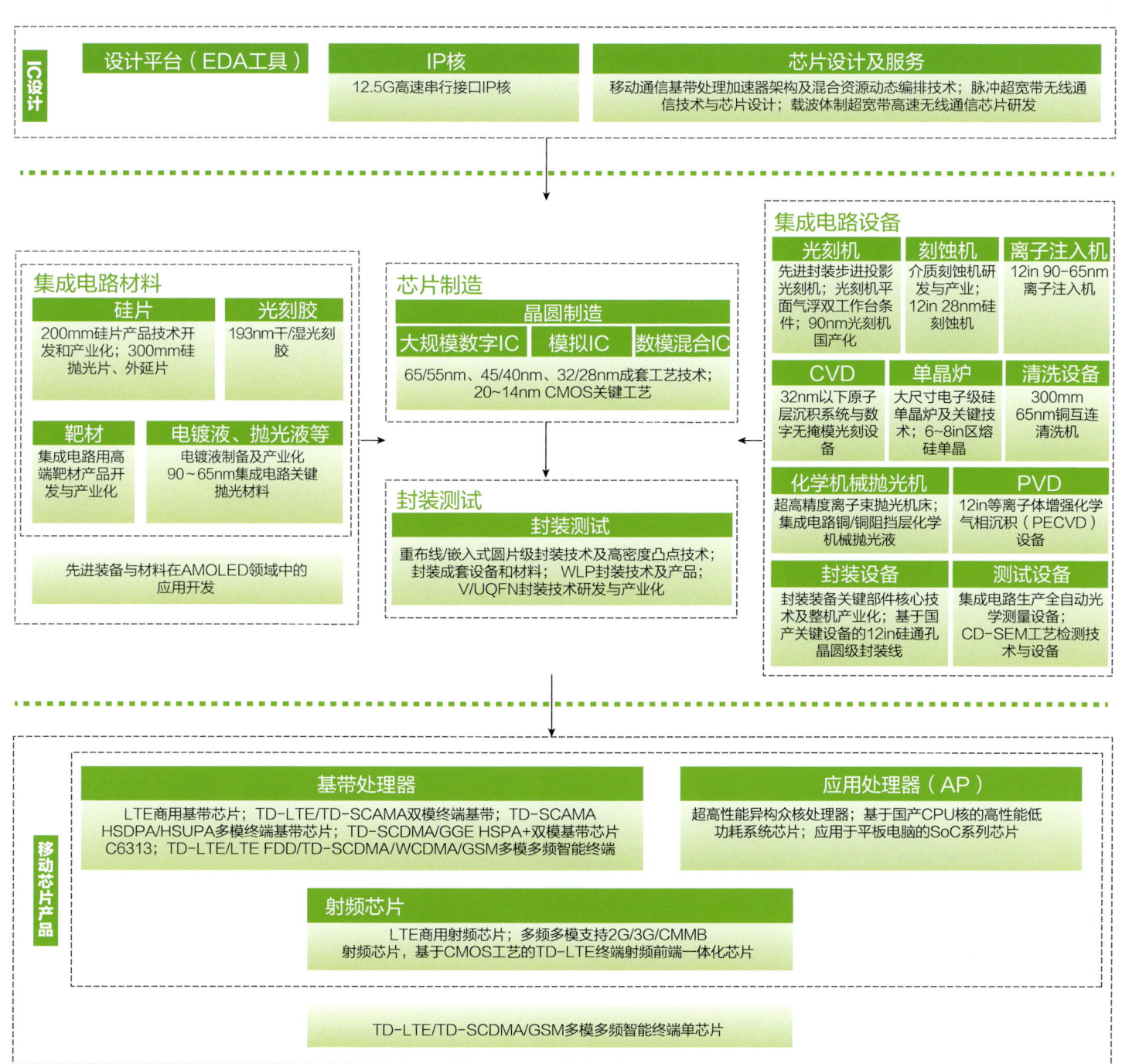

移动通信芯片产业创新政策

政策分类		政策内容	政策文件
财政	投资	对符合条件的集成电路企业技术进步和技术改造项目，中央预算内投资给予适当支持。	《进一步鼓励软件产业和集成电路产业发展的若干政策》（国发[2011]4号）
	投资	设立国家产业投资基金，重点支持集成电路等产业发展，促进工业转型升级。	《国家集成电路产业发展推进纲要》
	采购	国家扩大内需的各项惠民工程和财政资金支持的重大信息化项目的政府采购部分，应当采购基于安全可靠软硬件的产品。	《国家集成电路产业发展推进纲要》
税收		对符合条件的软件企业和集成电路设计企业从事软件开发与测试，信息系统集成、咨询和运营维护，集成电路设计等业务，免征营业税。对线宽小于0.8μm集成电路生产企业实行两免三减半优惠；线宽小于0.25μm或投资额超过80亿元的企业实行按减15%的税率，其中经营期15年以上的，实行五免五减半政策；新办设计企业实行两免三减半政策；生产企业设备折旧最短可缩到3年。	《进一步鼓励软件产业和集成电路产业发展的若干政策》（国发[2011]4号）、《关于进一步鼓励软件产业和集成电路产业发展企业所得税政策的通知》（财税[2011]27号）
		对符合条件的集成电路重大技术装备和产品关键零部件及原材料继续实施进口免税政策，以及有关科技重大专项所需国内不能生产的关键设备、零部件、原材料进口免税政策，适时调整免税进口商品清单或目录。	《国家集成电路产业发展推进纲要》
研究开发		发挥国家科技重大专项的引导作用，大力支持集成电路重大关键技术的研发。围绕培育战略性新兴产业的目标，重点支持高端芯片、集成电路装备和工艺技术、关键材料、关键应用系统的研发以及重要技术标准的制订。	《国家中长期科学和技术发展规划纲要（2006—2020年）》
金融		有条件的地方政府可按照国家有关规定设立主要支持软件企业和集成电路企业发展的股权投资基金或创业投资基金，引导社会资金投资软件产业和集成电路产业。政策性金融机构在批准的业务范围内，可对符合国家重大科技项目范围、条件的软件和集成电路项目给予重点支持。	《进一步鼓励软件产业和集成电路产业发展的若干政策》（国发[2011]4号）
人才		鼓励有条件的高校采取与集成电路企业联合办学等方式建立微电子学院，经批准设立的示范性微电子学院可以享受示范性软件学院相关政策。制定落实软件与集成电路人才引进和出国培训年度计划，办好国家软件和集成电路人才国际培训基地。	《进一步鼓励软件产业和集成电路产业发展的若干政策》（国发[2011]4号）

移动位置服务

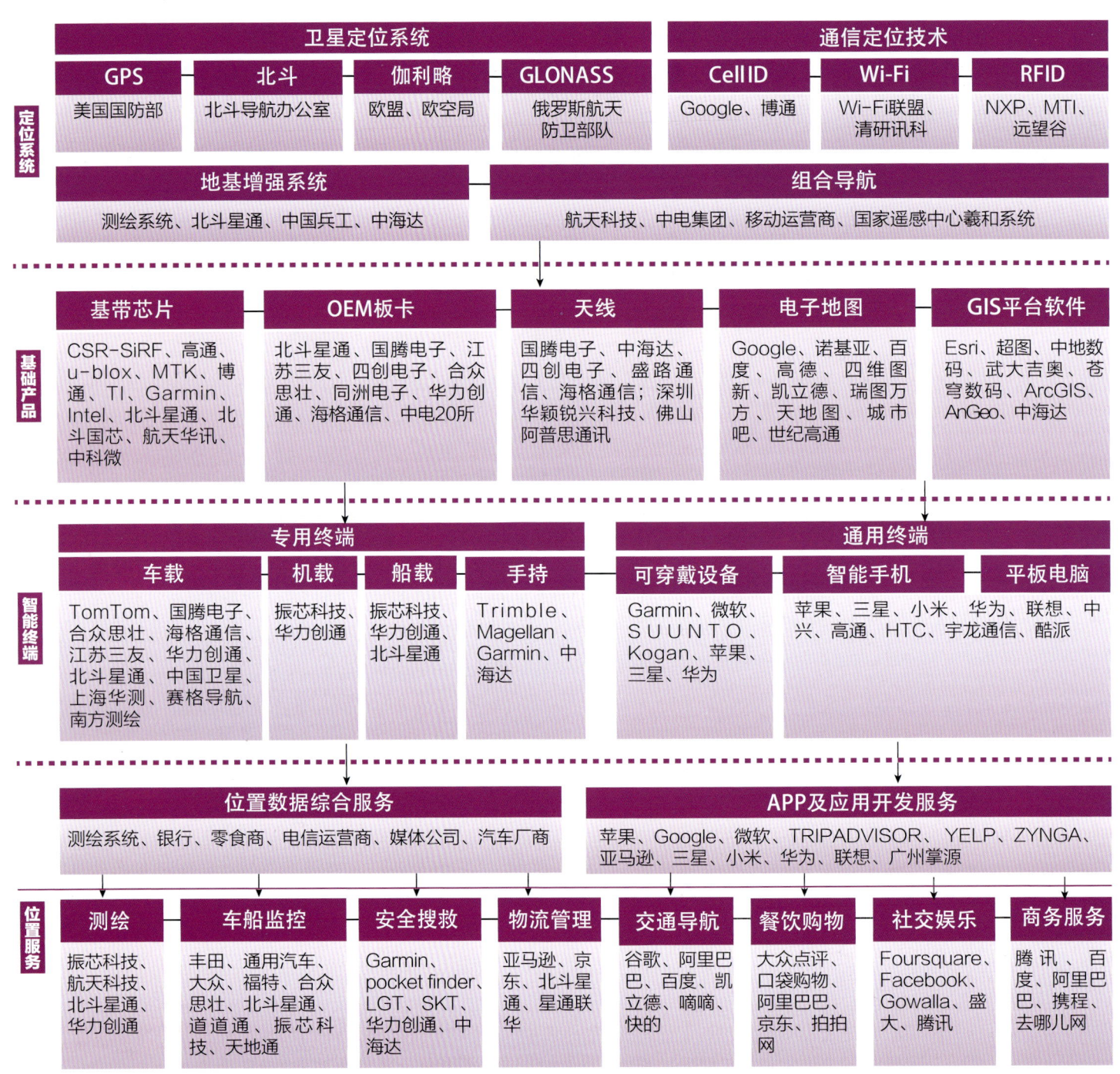

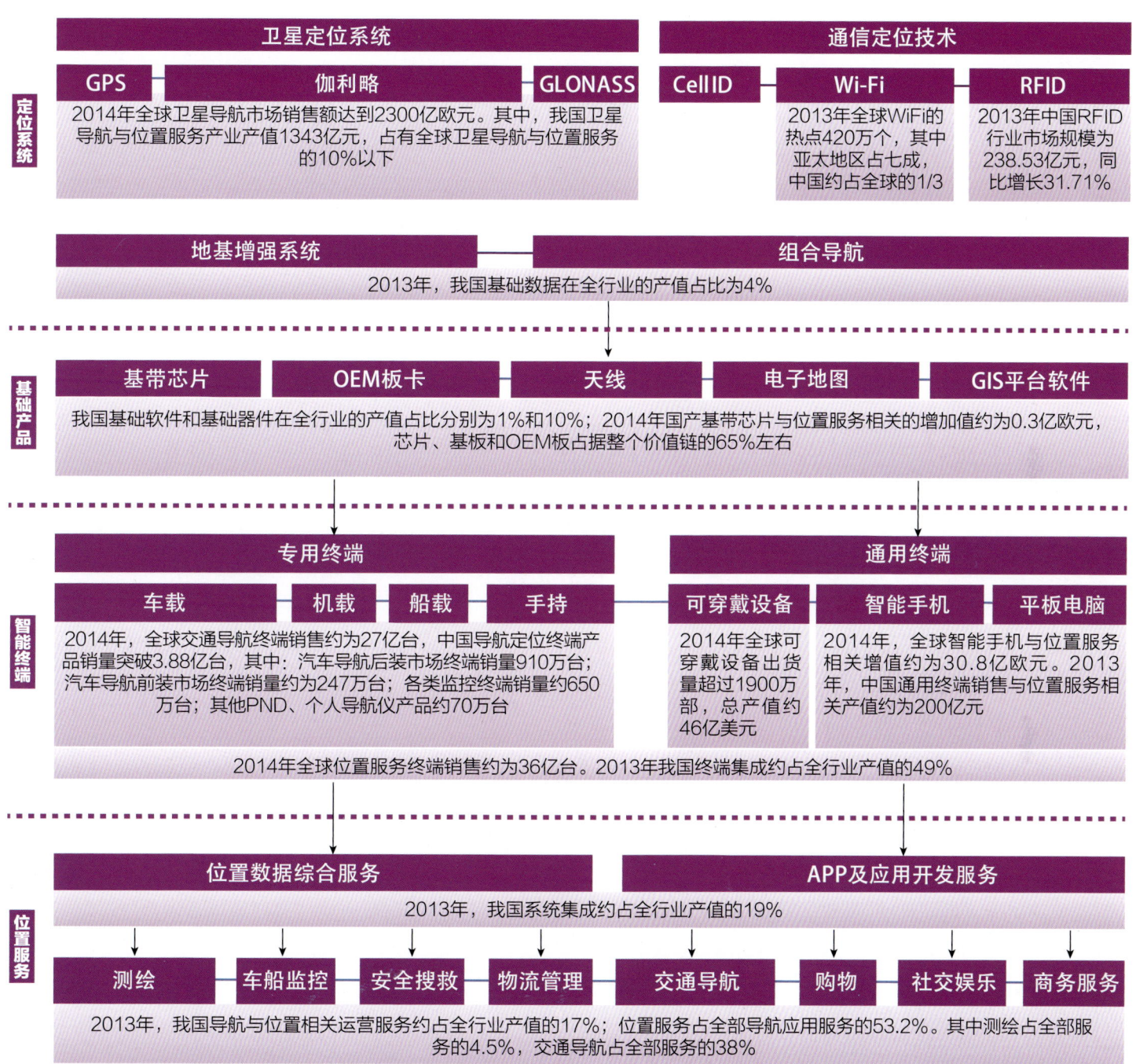

全球移动位置服务产业发展综述

2009年以来，随着3G、4G网络和智能手机的普及，移动位置服务迅速发展成为一种新兴产业和商业模式。全球大约30亿个移动应用依赖于位置服务，利用多种导航星座和混合定位技术的高端设备已经非常普遍。智能手机和平板电脑是最大的应用市场，占整个位置服务终端市场的90%以上。

不断完善的卫星导航系统推动移动位置服务快速发展。据欧盟全球卫星导航系统局（GSA）估算，2014年全球卫星导航市场销售额达到2300亿欧元，其中手机位置服务相关销售收入约占36亿欧元。2014年全球卫星导航设备市场总规模约为36亿台，到2019年市场规模将增加到70亿台，人均一台定位终端。亚太地区的位置服务市场发展最快，2014年总规模为17亿台终端，预计2023年将达到42亿台，超过欧盟28国和北美市场的总和。

移动位置服务的产业链由不同领导厂商掌控。GPS芯片的70%由SiRF公司提供。导航电子地图市场份额集中于诺基亚(Nokia-HERE)、泰为(TeleNav)以及通腾(TomTom)等；美国ESRI、Navteq、荷兰TeleAtlas、日本Zenrin。ArcGIS、Intergraph和MapInfo约占有全球地理信息系统软件市场份额的60%；全球网络地图主要由谷歌、苹果、Waze提供。卫星导航设备生产主要以TomTom、Garmin、Trimble为主，TomTom占据欧洲50%的车载导航仪市场份额、占美国25%的市场份额，Garmin占全球33%的车载导航仪份额，Trimble占有国际高精度测绘仪器市场40%的份额。移动位置服务商主要是Foursquare、Facebook、谷歌等。

技术创新呈现交叉融合特点。卫星导航形成了GPS主导、北斗多种星网混合的兼容发展模式，GPS相关专利占全部导航专利的97.4%。地理信息技术日益集成到IT解决方案中，产生新商业模式，如与手机地图相关的导航、出行与搜索；与移动社交相关的定位、兴趣点、数据共享；与信息推送相关的广告、商业信息、天气预报等。

未来位置服务市场将呈现如下趋势：移动应用更加多样化，如摄像机图像中将集成位置信息；传统上与位置无关的设备正在逐渐应用GNSS；用户个体拥有的GNSS设备数量增加，设备市场覆盖范围向发展中国家扩展。

全球移动位置服务产业领导厂商地理分布

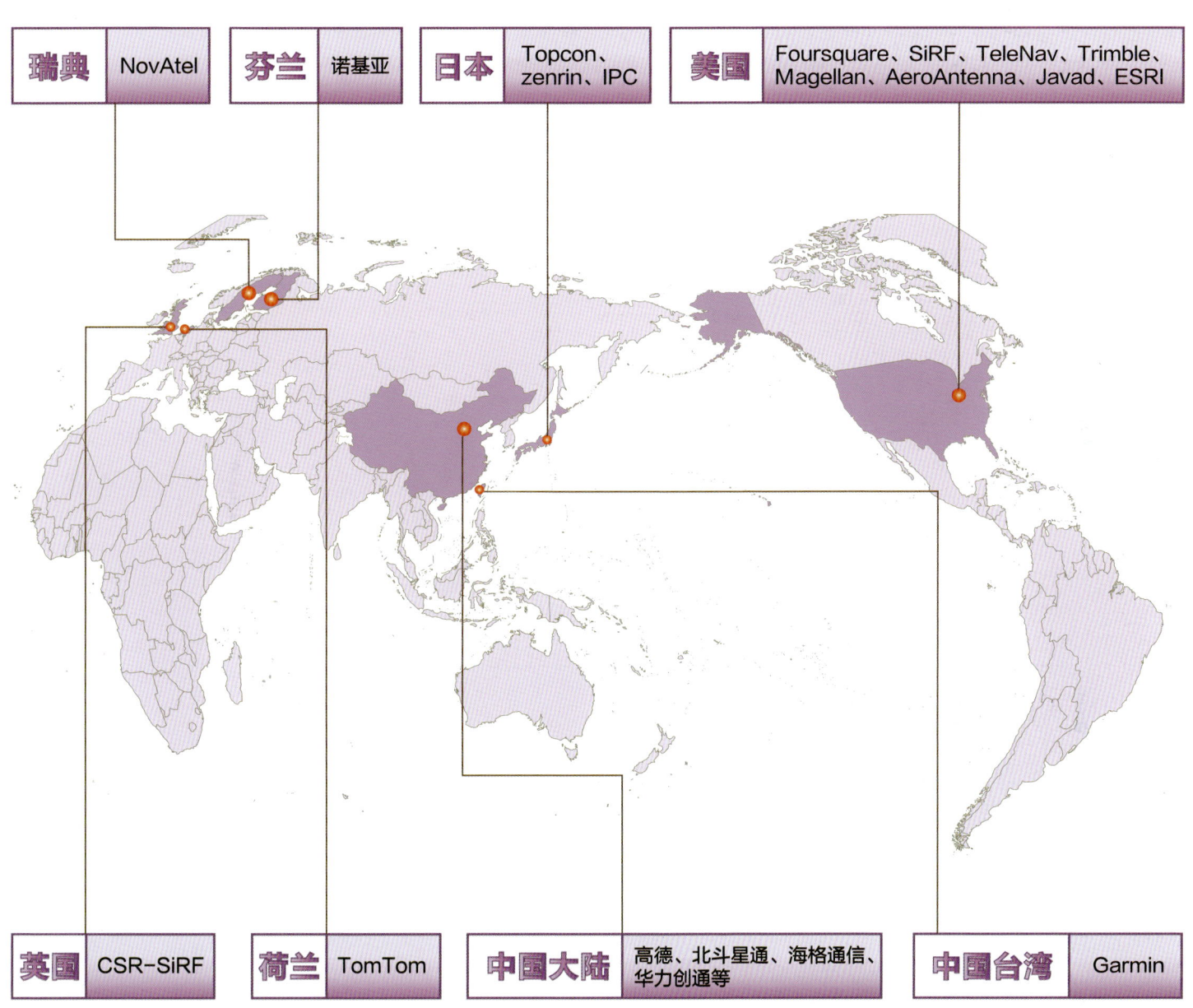

全球移动位置服务产业领导厂商主要产品

厂商名称	国家	产品类别						
		天线	芯片	板卡	接收机	GIS软件/解决方案	地图	位置服务
CSR-SiRF	英国		●	●				
Motorola	美国		●	●				
AeroAntenna	美国	●			●			
Javad	美国	●		●				
Trimble	美国				●	●		
NovAtel	瑞典	●		●	●	●		
Magellan	美国				●			
Topcon	日本				●	●		
TomTom	美国				●		●	
Nokia	芬兰					●	●	
Telenav	美国					●	●	●
Google	美国						●	●
Zenrin	日本						●	
IPC	日本						●	
Navteq	美国						●	
TeleAtlas	荷兰						●	
Foursquare	美国							●

全球移动位置服务产业领导厂商动向

厂商名称	国家	最新动向
Trimble	美国	拥有超过 1000 项 GPS 专利，在导航、精确授时、无线网同步、大地测量、移动资源管理、精准农业等方面发挥着不可替代的作用。2011年收购Ashtech公司，2013年收购google公司的sketchup业务。2014年营收为24亿美元。
NovAtel	瑞典	通过在 RF、数字电路设计、信号处理、嵌入式软件等方面的技术创新，NovAtel 的技术能力不断增强。2014年获得美军快速创新基金支持。
Javad	美国	Javad 的产品线包括 OEM、接收机、无线、软件等，OEM 产品是目前技术性能最好的 GPS/GLONASS 双星双频的高档 OEM 产品。
CSR-SiRF	英国	市场份额占 70% 以上。第三代芯片 SiRFstar III（GSW 3.0/3.1），采用 20 万次/频率的相关器提高了灵敏度，可以同时追踪 20 个卫星信道。2009 年被英国 CSR 公司收购。
Google	美国	Google 地图是全球使用最广泛的在线地图服务，有超过 80 万个网站在使用 Google Maps API，用户总量达 10 亿，仅移动设备上的活跃用户就超过 2.5 亿。2013 年 Google 推出企业版地图工具 Google Maps Engine Pro，让企业可以在 Google 地图进行资料分析及视觉化。
Nokia-HERE	芬兰	2012 年 11 月诺基亚手机商店上推出 HERE maps 地图应用，可应用的操作系统包括 iOS、Android 和 Firefox OS。2014 年 HERE 地图销售额达到 9.69 亿欧元，当年为 1320 万新设备提供了位置响应服务。
TomTom	荷兰	TomTom 是汽车导航第一品牌，欧洲市场份额一度占 53%。2014 年营业收入 9.5 亿欧元，运动市场的强劲增长抵消了 PND 市场低迷的影响，当年运动手表销量达 50 万只。
TeleNav	美国	TeleNav 公司是最早提出利用手机进行导航的企业之一。2014 年移动位置服务的收入为 1100 万美元，包括云平台的导航、为运营商的定制导航应用和 Scout 品牌 App。
Foursquare	美国	Foursquare 是一个提供用户定位的社交网络服务，已经拥有了 5500 万名注册用户、200 万商家 6500 个位置信息，吸纳了 8.5 万名开发者。Foursquare 的盈利主要通过商业广告收入和统计信息销售收入。2013 年 4 月，获得 4100 万美元的 D 轮融资，累计获得超过 1.1 亿美元融资。2014 年分离出签到应用 swarm，获得微软公司 1500 万美元的投资。
Topcon	日本	业务范围包括定位、GNSS 软件、精准农业等，2013 年 11 月收购芬兰 DynaRoad 公司，研发中心达到 16 个。2014 年营收为 160 亿日元。

全球移动位置服务专利分布

截至 2013 年 9 月 31 日，卫星导航接收机领域全球专利申请总量为 24096 件，其中，包括中国申请人在中国提交的专利申请 7413 件（《产业专利分析报告（第 20 册）——卫星导航终端》）。接收机终端和接收机应用分别占 33.5% 和 66.5%。另据相关分析报告，全球卫星导航专利中，美国 GPS 相关的专利占据绝对主导地位，份额达 97.44%，俄罗斯 GLONASS 占 1.57%，欧洲 GALILEO 占 0.59%，中国北斗占 0.4%（《广东卫星导航产业技术路线图》）。

从发展趋势看，天线和射频前端的全球专利申请量已进入平稳增长期，而基带、定位、导航电子地图和 GNSS 在智能手机中的应用仍处于高速增长期。

由于移动互联网的崛起，全球导航产品天线申请的主要申请人前三名分别为苹果公司、三美电机和索尼爱立信。苹果公司侧重于在其平板产品中嵌入 GPS 天线；三美电机侧重于车载前装导航和专业导航；索尼爱立信则侧重在手机产品中集成导航天线。中国申请的主要申请人前三名为萨恩特尔、索尼爱立信和苹果公司。

天线、射频前端和基带领域，专利申请量最多的是美国，分别占总量的 41.3%、41.4% 和 38.7%，表明美国在接收机终端和芯片领域占有绝对的优势。芯片专利主要掌握在 Sirf、摩托罗拉、飞利浦手中。

导航电子地图也是专利申请的活跃领域，其中日本企业申请最多（占 30%）。

定位和 GNSS 在智能手机中的应用申请量最多的是中国，分别占 39.5% 和 35.6%。

国家	天线	射频前端	基带	定位	导航电子地图	GNSS 在智能手机中的应用	合计
中国	401	378	1714	1010	2544	1366	7413
欧洲	340	229	692	250	1508	402	3421
美国	767	534	1893	874	1952	933	6953
日本	270	68	360	206	2801	720	4425
韩国	53	60	136	193	756	354	1552
其他	25	20	97	22	103	64	331
合计	1856	1289	4892	2555	9664	3839	24095

主要国家移动位置服务产业政策

国家	分类	政策内容
美国	规划	2013年7月31日,美国联邦地理数据委员会(FGDC)发布了新的美国国家空间数据基础设施(NSDI)战略规划草案(2014—2016年)。三大目标是:发展国家共享服务功能、确保联邦地理空间资源的可说明性与有效管理、实现对国家地理空间社区的领导。2013年《美国国家大地测量局十年战略规划(2013-2023):定位未来美国》提出,全面提升美国现行大地测量标准,升级美国国家空间参照系统及国家地理空间信息数据库,拓展国家空间参照系统应用与服务。
美国	投资	2009年美国投资12亿美元建设国家地理信息系统平台。2011年为GPS的商业化运营补贴180亿美元,将于2018年推出第三代GPS系统。
美国	规制	2004年,美国发布新的《天基定位、导航与授时政策》,旨在为国家与国土的安全,以及民用、科学和商业应用制订天基定位、导航与授时计划、增强系统及其活动的指导与执行指南。
美国	信息共享	2014年2月,美国联邦通信委员会(FCC)提出修改E911,分阶段强制提供室内外位置服务精度。
欧洲	投资	发布《独立、富有竞争力、提高公民生活质量》的航天新政策,优先推进伽利略卫星导航计划,实施全球环境和安全检测系统。欧洲加快推进空间信息基础设施(Inspire)建设。
欧洲	规制	2003年紧跟美国FCC,推出了E112法令,但规范宽松,要求电信商自行选择定位技术与市场方案。2014年5月,欧盟委员会将A-GNSS作为移动电路用户提供应急呼叫位置服务的手段。
欧洲	研发支持	为解决应急呼叫系统应用的芯片解决方案,在欧盟支持下,2014年欧洲STM公司开发出用于应急呼叫位置服务的芯片组。
日本	规划	2014年,日本推出新的《宇宙基本计划》,提出扩充"准天顶卫星"体制方针,决定在2015—2020年期间发射3颗准天顶卫星,形成4卫星体系,并在以2025年度为最终年度目标的新计划中写明要在2025年完成7卫星体制。
日本	投资	日本政府近年来投资开发了GPS天基增强系统——MSAS,并自主开发了准天顶区域卫星导航系统(QZSS),经产省、通信等部门新增预算用于支持QZSS及其支持系统的调查研究和开发。
韩国	规划	2013年11月,韩国政府推出了面向2040年的《航天发展中长期规划》,并首次出台了《航天技术产业化战略——实现创造经济》。2014年5月,韩国国家航天委员会审议通过了《第一次卫星应用综合规划——实现"卫星应用3.0"(2014—2018)》,这是由韩国未来创造科学部组织制定的,强调了卫星遥感应用和融合应用。
韩国	支持政策	正在推进"GOLDEN Solution"项目来扩大卫星信息在地理信息、海洋、国土、灾害灾难、环境以及国家安全等领域的应用;提升卫星应用技术水平和产业化发展,主要是:①结合物联网、云计算等新技术发展趋势,推进卫星信息软件研发,建立卫星信息综合平台,提升卫星信息存储、处理分析与应用能力;②培育卫星应用专门企业;③推进卫星应用产品与服务出口;④放松管制,优化产业发展环境。

我国移动位置服务产业发展综述

我国移动位置服务的产业规模正快速扩大。据 GSA 估算，我国卫星导航与位置服务产业约占全球市场的 7%。据《中国卫星导航与位置服务产业发展白皮书（2014 年度）》的数据，2014 年全行业总产值超过 1343 亿元，同比增加了 29.1%。我国导航定位终端的总销量突破 3.88 亿台。其中带导航功能的智能手机销售量达到 3.7 亿台。据国家测绘地理信息局测算，我国与卫星导航与位置服务相关的厂商和机构超过 1.3 万家，移动互联网巨头纷纷涉足位置服务。

产业规划推动移动位置服务产业走向成熟，相关行业规范、行业标准正在建立。国家和有关部门先后制定了《地理信息产业"十二五"规划》《导航与位置服务科技发展"十二五"专项规划》《测绘地理信息科技发展"十二五"规划》等，从技术创新、市场培育、产业链发展等角度，不断加快卫星导航和移动位置服务的发展。

领导厂商地位日益突出。根据《2014 年中国手机地图市场研究年度报告》，2014 年中国手机地图用户规模增长至 5.14 亿，同比增幅 22%。其中，百度地图依托百度的强大品牌和一直以来产品功能的持续性和技术的领先优势，市场份额增长至 65.2%，继续保持遥遥领先的势头。高德地图已建立起覆盖全国的导航电子地图数据库，并推出了 Iphone 和 Android 两个版本，市场份额 20.8%。高德与百度一起共同瓜分了 86% 的市场空间，行业已经进入了一超（百度地图）一强（高德地图）加众多竞争对手的稳定格局。

我国自主开发、独立运行的全球卫星导航系统——北斗卫星导航系统发展迅猛。自 2013 年北斗应用元年以来，北斗产业每年的复合增长率超过 30%。2014 年，国内卫星导航市场新增销售产品及系统超过 80% 已采用北斗兼容技术。据中国卫星导航定位协会统计数据，2014 年北斗芯片、板卡、天线等上游基础产品和高精度产品季度增幅均为 20% ~ 25%，明显放量，北斗逐步替代 GPS 将成为常态。

商业模式趋于多样化。目前主流的应用包括：依据位置信息进行数据挖掘和精确营销；基于位置查找好友，实现人际关系的线上线下社交；基于位置的现实地理环境与虚拟游戏融合；基于位置的 O2O；基于位置的信息搜索与推送、宣传展示。

我国移动位置服务领导厂商地理分布

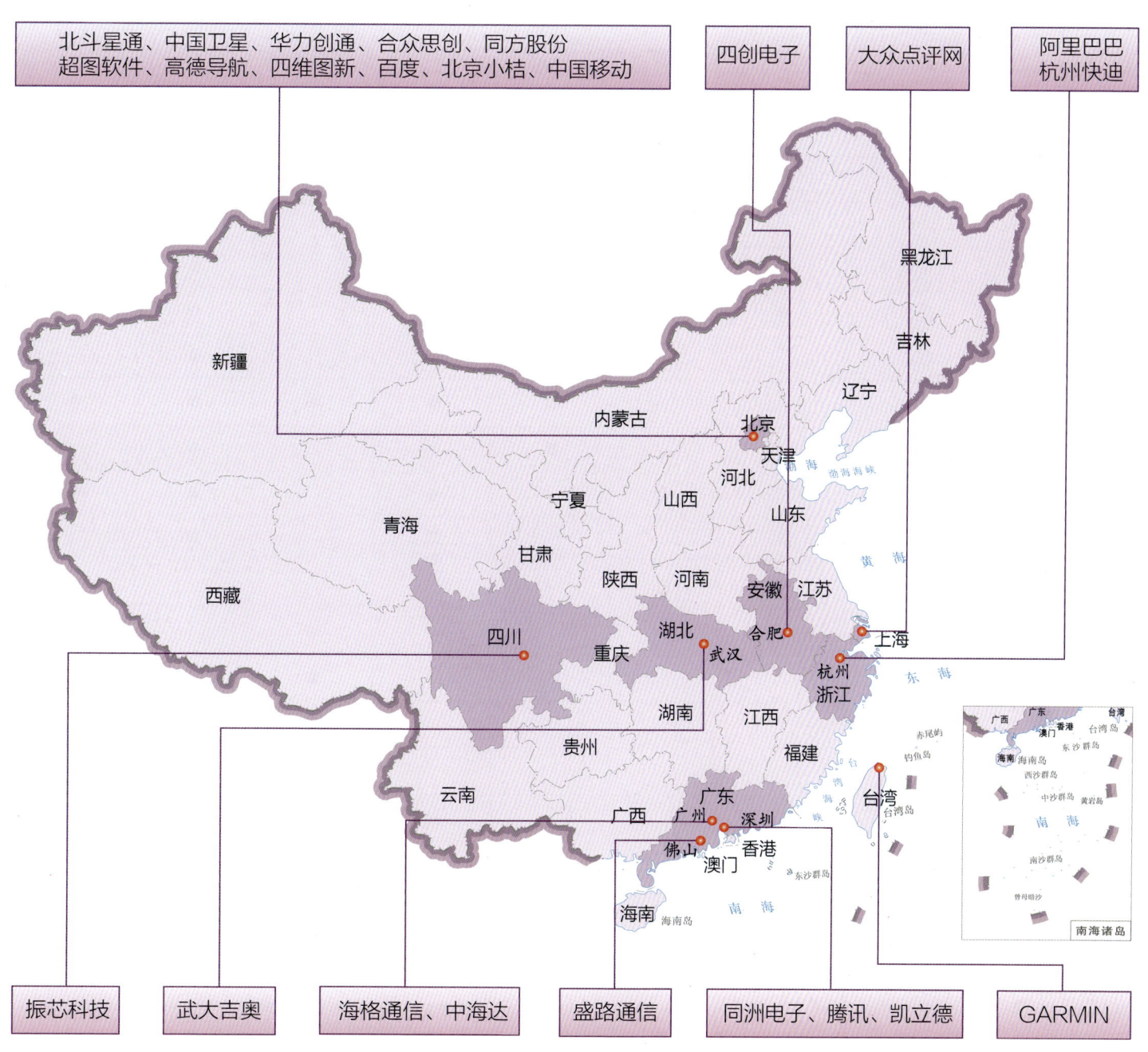

我国移动位置服务领导企业的主要产品

厂商名称	地区	产品类别						
		天线	芯片	板卡	接收机	GIS/地图	方案	内容服务
振芯科技	成都	●	●	●	●		●	●
北斗星通	北京	●	●	●	●		●	●
海格通信	广州		●	●	●		●	●
中国卫星	北京			●				
华力创通	北京	●	●	●	●		●	
同洲电子	深圳		●		●		●	
合众思壮	北京			●	●	●	●	
四创电子	合肥	●		●			●	
同方股份	北京				●		●	●
中海达	广州	●			●		●	
盛路通信	佛山	●						
四维图新	北京					●		
超图软件	北京					●	●	
百度	北京					●		●
阿里巴巴	杭州					●	●	
凯立德	深圳				●	●		
武大吉奥	武汉					●	●	
中国移动	北京							●
腾讯	深圳							●
大众点评	上海							●
Garmin	台湾		●		●	●		

我国移动位置服务主要上市企业的服务领域

厂商名称	服务领域										
	农、林、渔	交通	国防	电力	通信	气象	航空	水利	救灾	国土	海洋
振芯科技		●	●	●	●					●	
北斗星通	●	●	●					●	●		
海格通信		●	●								
中国卫通			●			●	●			●	●
华力创通	●		●						●		
同洲电子		●									
合众思壮	●	●		●	●		●			●	
四创电子					●			●			
同方股份			●								
中海达	●			●	●			●		●	●
凯立德		●									
中国移动					●						
数字政通		●								●	
天泽信息	●	●									
超图软件	●	●			●	●		●	●	●	

我国移动位置服务领导厂商主要动向

企业名称	地区	主要动向
腾讯	深圳	2014年，腾讯陆续入股大众点评、京东、乐居、cj games、四维图新、58同城，成为移动位置服务的领导型企业。
阿里巴巴	杭州	2013年阿里巴巴对高德地图持股28%，2014年7月以2.94亿美元整体收购高德公司，阿里的淘点点、淘宝本地生活等服务平台引入了高德地图和导航。2014年对快的打车投资了两次。
中国移动	辽宁	2006年开始在辽宁设立位置服务基地，已推出"和地图"、12585、"亲情通"、"车务通"等服务。
四维图新	北京	全球第四大、中国最大的数字地图提供商，产品和服务涵盖汽车导航、消费电子导航、移动互联网、政府及企业应用市场。已连续11年在中国地区的车载导航地图市场领先，占据60%以上的市场份额。2014年实现营业总收入10.59亿元。2014年，腾讯11.7亿入股四维图新成为第二大股东。
北斗星通	北京	国防业务和海洋渔业业务保持较好发展势头，通过并购向车载导航、精准农业等大众市场领域拓展。2014年营业收入9.47亿元。建有北京市北斗技术与装备工程技术研究中心。
超图软件	北京	核心产品为GIS基础平台软件，国内市场占有率仅次于美国ESRI公司。2013年运营SuperMap GIS平台与重庆、湖北、内蒙古等地推进"智慧城市"建设。2014年营业收入3.6亿元。
中海达	广州	在测绘、水深探测设备、GIS数据采集器等产品已形成品牌效应并获得较高市场，2014年营业收入6.87亿元；实现净利润9784万元，同比下降9%。
振芯科技	成都	原为"国腾电子"，长期从事北斗全产品线的开发，在北斗基带、天线、功率放大器、滤波器和低噪放大器等关键元件研发方面具备一定实力。2014年营业收入4.07亿元，同比增长56%。
海格通信	广州	公司拥有芯片、模块、设备到系统完备的自主研发能力，2013年为广州市公务车提供北斗定位系统服务。2014年营业收入达到29.5亿元，同比增长75%。
同洲电子	深圳	以电视互联网为核心业务。2014年营业收入14.83亿元，同比下降19%。
华力创通	北京	研发了北斗/GPS兼容的基带芯片及卫星导航天线产品，2013年5月华力创通首款北斗定位通信户外移动终端量产下线。2014年营业收入4.04亿元，同比增长33%。
合众思壮	北京	解决了GPS、北斗、GLONASS多系统组合导航的兼容性问题，完成全产业链布局。"集思宝"系列产品市场占有率高达70%。计划投资3亿元建设基于北斗的全球高精度增强系统"中国精度"（ChinaCM）。2014年营业收入4.9亿元，同比下降21%。
中国卫星	北京	2014年继续推进"动中通"卫星通信系统产业化项目、应急宽带VSAT网工程，首次实现GNSS技术的高轨和深空应用，北斗用户终端设备实现技术定型。形成了覆盖天空地一体化系统论证、测绘信息采集与处理、遥感GIS综合服务完整产业链的系统集成与产品研制能力。2014年营业收入为46.6亿元。
高德软件	北京	2013年12月24日，与国家基础地理信息中心、中国测绘科学研究院等共同发起国内首个移动互联网领域的"位置服务(LBS)工作委员会"。
百度	北京	百度拥有3400万POI数据、1800万深度生活POI数据及500万公里路网数据，百度LBS渗透到了餐饮、酒店、健康等多个垂直领域，成为九成拼车APP的选择。
滴滴快的	北京/杭州	2015年滴滴和快的合并。通过数轮补贴大战，滴滴和快的联手将数十家同类打车软件挤出了市场。在2014年1月10日至3月底的77天里，滴滴就支付了高达14亿元的打车补贴。
Garmin	台湾	在全球已累计销售超过1亿多台导航产品，开发了全球顶级的GPS运动手表。2014年营业收入为28.7亿美元，其中健身和户外成为增长最快的市场（60%的增长率）。

我国移动位置服务创新基地的地理分布

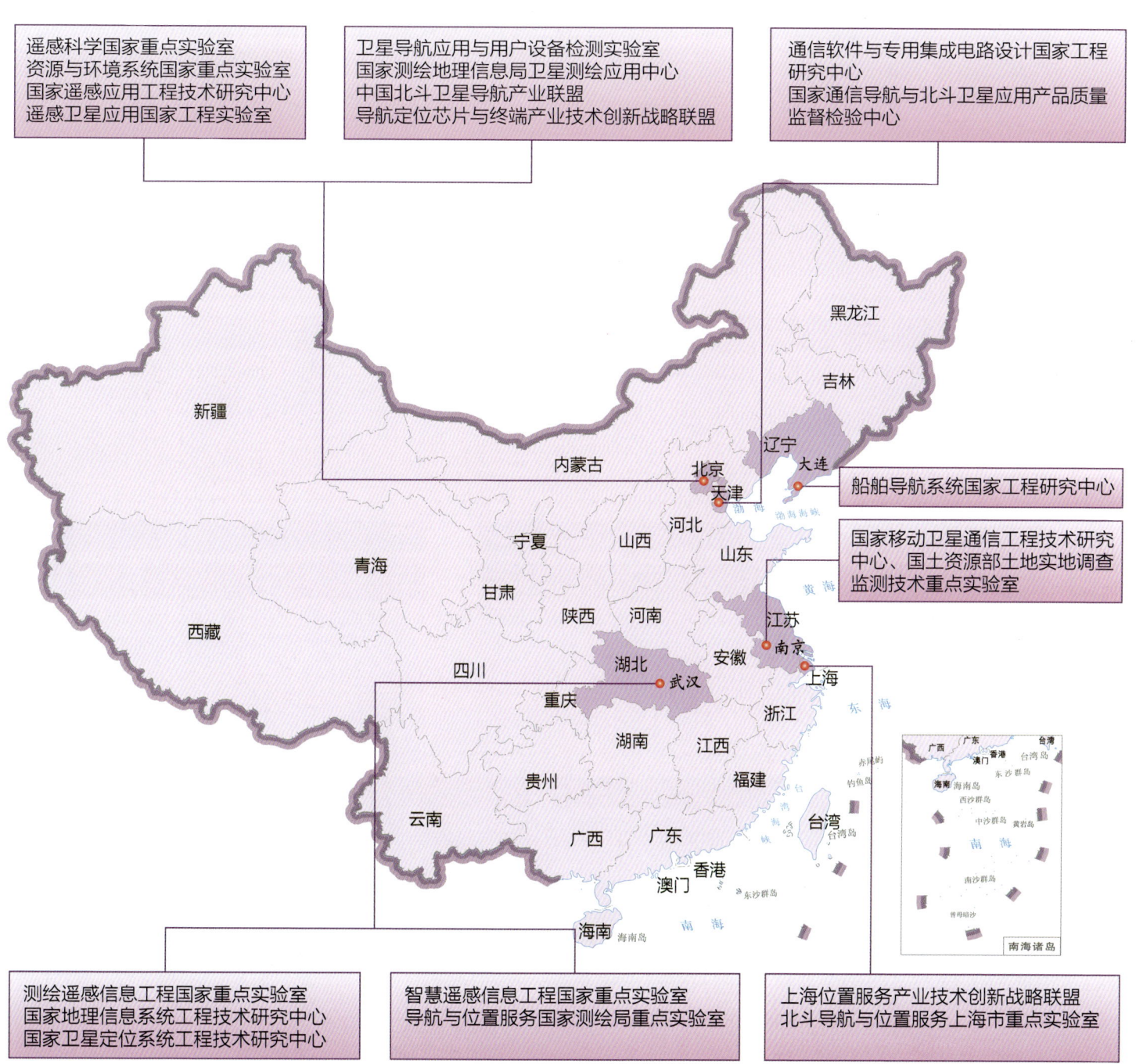

我国移动位置服务主要研发机构在产业链的分布

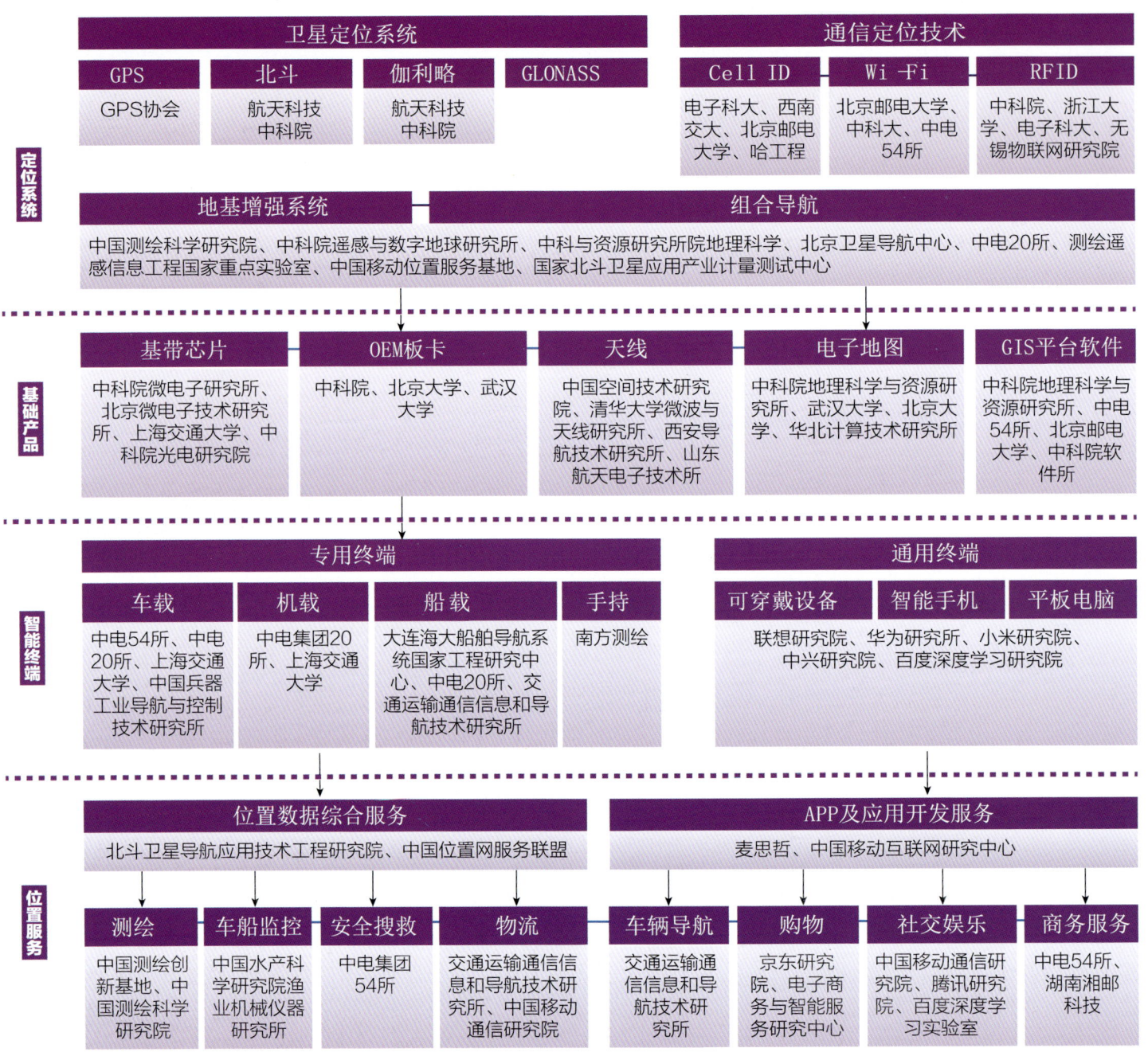

我国移动位置服务的专利申请分布

据《产业专利分析报告（第 20 册）——卫星导航终端》相关数据，从 2006 年起，国内申请人的专利申请总和超过了国外申请人的专利申请总和。中国应用类技术分支申请量高于天线、射频前端、基带等技术类分支。2006—2013 年的申请重点是：地图、无缝室内外定位和 GNSS 在智能手机中应用。

2006—2013 年在华的位置服务相关专利申请变化

	天线	前端	基带	定位	地图	LBS	合计
1993—2001	102	26	305	98	106	53	690
2002—2005	144	57	437	161	412	209	1420
2006—2009	273	172	1056	447	1410	678	4036
2010—2013	246	251	773	610	1346	848	4074
合计	765	506	2571	1316	3274	1788	10220

数据来源：产业专利分析报告（第 20 册）——卫星导航终端. 知识产权出版社，2014 年 5 月。

2006—2013 年在华申请位置服务专利较多的机构

	天线	前端	基带	定位	地图	手机 LBS	合计
高通	12	42	180	129	3	96	462
中国科学院	5	17	112	20	41	5	200
神达电脑	2	1	9	3	130	40	185
诺基亚	6	8	43	10	8	82	157
北京航空航天大学	7	8	90	11	16	4	136
三菱电机	11	0	14	1	96	3	125
三星电子	7	7	40	15	14	40	123
LG 电子	4	2	17	4	37	47	111
株式会社电装	5	1	4	0	100	0	110
中兴通讯	5	10	24	7	16	47	109
通腾科技	2	0	1	0	99	2	104

数据来源：产业专利分析报告（第 20 册）——卫星导航终端. 知识产权出版社，2014 年 5 月。

国家科技计划项目在产业链的分布

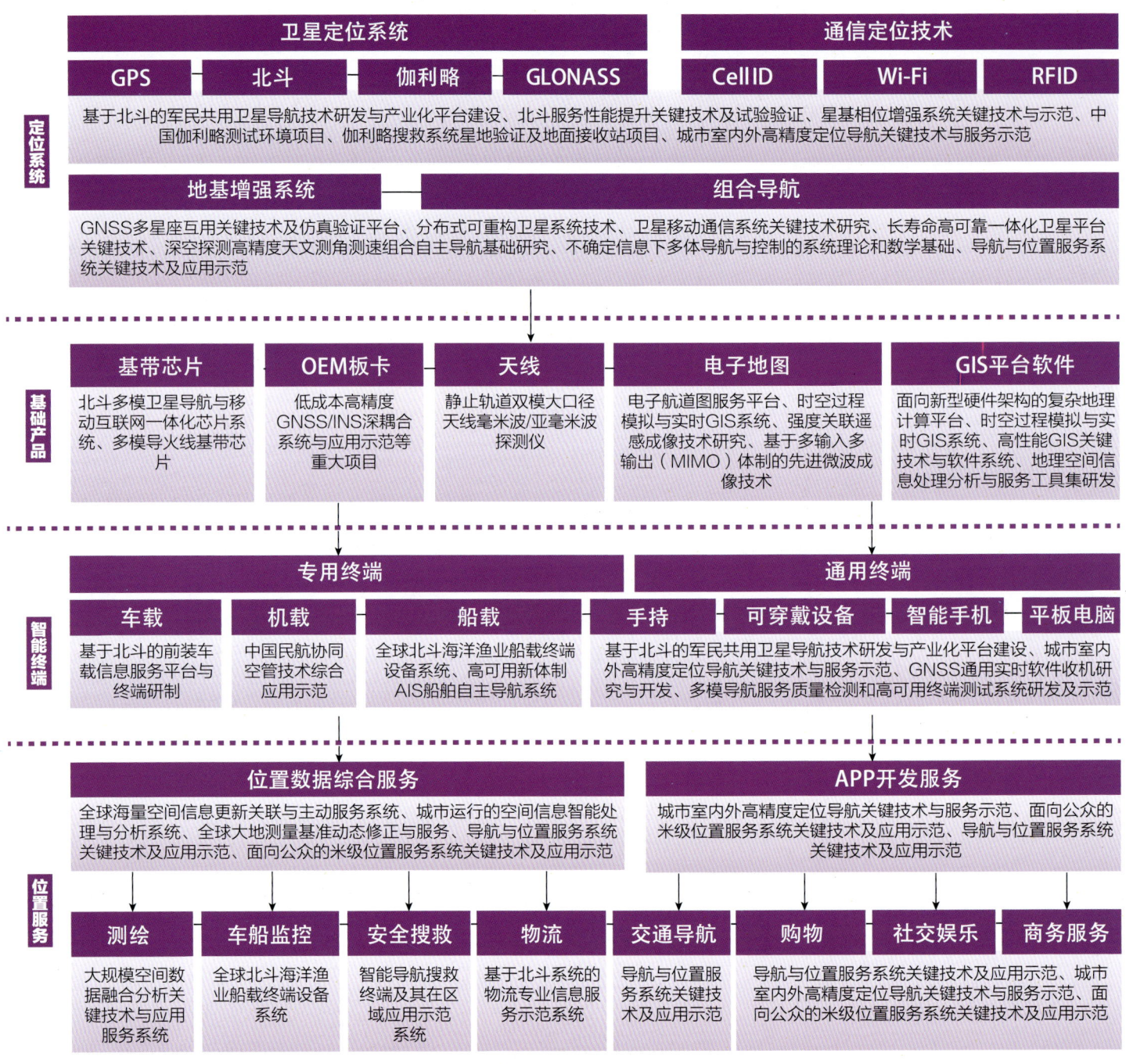

我国移动位置服务产业政策

分类		主要内容	文件名称
财政	基础设施	围绕国家战略需要和重点领域应用需求,以提升卫星导航服务性能为目标,加快建设统一、协调、完整、开放的卫星导航基础设施体系。重点建设多模连续运行参考站网等重大地面基础设施,促进数据共享,提高资源使用效率,创新服务模式,夯实产业发展基础,提升产业持续发展能力。大力推进北斗卫星导航系统应用,建立和完善自主室内外无缝导航定位和授时体系,着力解决位置服务所需地图的国产化和精细化问题,逐步依托自主技术建设安全可控的导航定位与授时基础设施。	《国家卫星导航产业中长期发展规划》(国办发[2013]97号)、《导航与位置服务科技发展"十二五"专项规划》(国科发高[2012]901号)
	资金支持	在现有资金渠道内,着力支持地理信息获取、处理、应用、出版等产业发展的关键环节,提升产业创新能力。进一步加大对公益性地理信息产品生产的投入力度,落实政府采购政策,鼓励政府部门地理信息服务外包。地方各级人民政府要采取有效措施,加大投入,推动形成成熟的地理信息产业链。	
税收	税收优惠	地理信息企业销售自主开发、生产、出版的地理信息产品,符合软件产品范围和认定条件的,可按规定申请享受国家鼓励软件产业发展的增值税优惠政策。地理信息企业符合软件企业认定条件的,经认定后可以申请享受有关软件企业所得税优惠政策。	
金融	融资支持	鼓励企业投资地理信息产业,有条件的地方可按规定设立主要支持地理信息企业发展的股权投资(基金)企业或创业投资(基金)企业,引导社会资金投资地理信息产业,不断扩大投入规模,提高产业发展后劲。积极支持符合条件的企业采取发行股票、债券等多种方式筹集资金,拓宽直接融资渠道。银行业金融机构要在控制风险的前提下,积极拓宽抵质押品范围,开发适合地理信息企业的创新型金融产品,对其合理信贷需求给予支持。	《国务院办公厅关于促进地理信息产业发展的意见》(国办发〔2014〕2号)
研发	研发支持	加大国家科技计划、知识创新工程和自然科学基金项目对地理信息科技创新的支持力度,发挥国家科技重大专项的核心引领作用,集中力量突破一批支撑产业发展的关键共性核心技术,加快推进产业重点领域创新发展和科研成果的产业转化。强化企业在科技创新中的主体地位,鼓励符合条件的地理信息企业申请建立各类科技创新平台,构建专业技术创新与产业转化服务体系。	
人才	人才培养	以促进地理信息科技创新和产业升级为重点,着力培养高层次、创新型的核心技术研发人才和科研团队。以提高产业综合竞争能力为核心,加快培育具有国际视野的经营管理人才。坚持产学研相结合,紧密结合产业发展需求,进一步优化高校专业和课程设置,努力培养国际化、复合型、实用型人才。	
	人才引进	对经批准建立的产业基地(园区)引进的高层次地理信息人才,优先安排本人及其配偶、未成年子女在所在地落户。	
知识产权	产权保护	加大知识产权保护力度,依法查处非法出版和不正当竞争等行为,维护公平竞争的市场秩序。	
产业规制	标准	加快建立并完善支撑卫星导航产业健康发展的标准体系,鼓励产学研用各方联合研制技术标准。推动卫星导航军民标准通用化和资源共享,促进卫星导航与物联网、移动通信等的融合发展。鼓励骨干企业和研发机构参与国际相关标准的制定,促进北斗与其他卫星导航系统的兼容发展。	《国家卫星导航产业中长期发展规划》(国办发[2013]97号)
	准入	研究制定有关市场准入、位置安全等管理制度,建立健全卫星导航产品质量检测认证体系及质量监管机制,整合现有资源,推动卫星导航产品质量检测中心建设,规范卫星导航应用服务和运营,提高骨干企业和创新型企业的参与积极性。	

电子商务产业

电子商务产业链

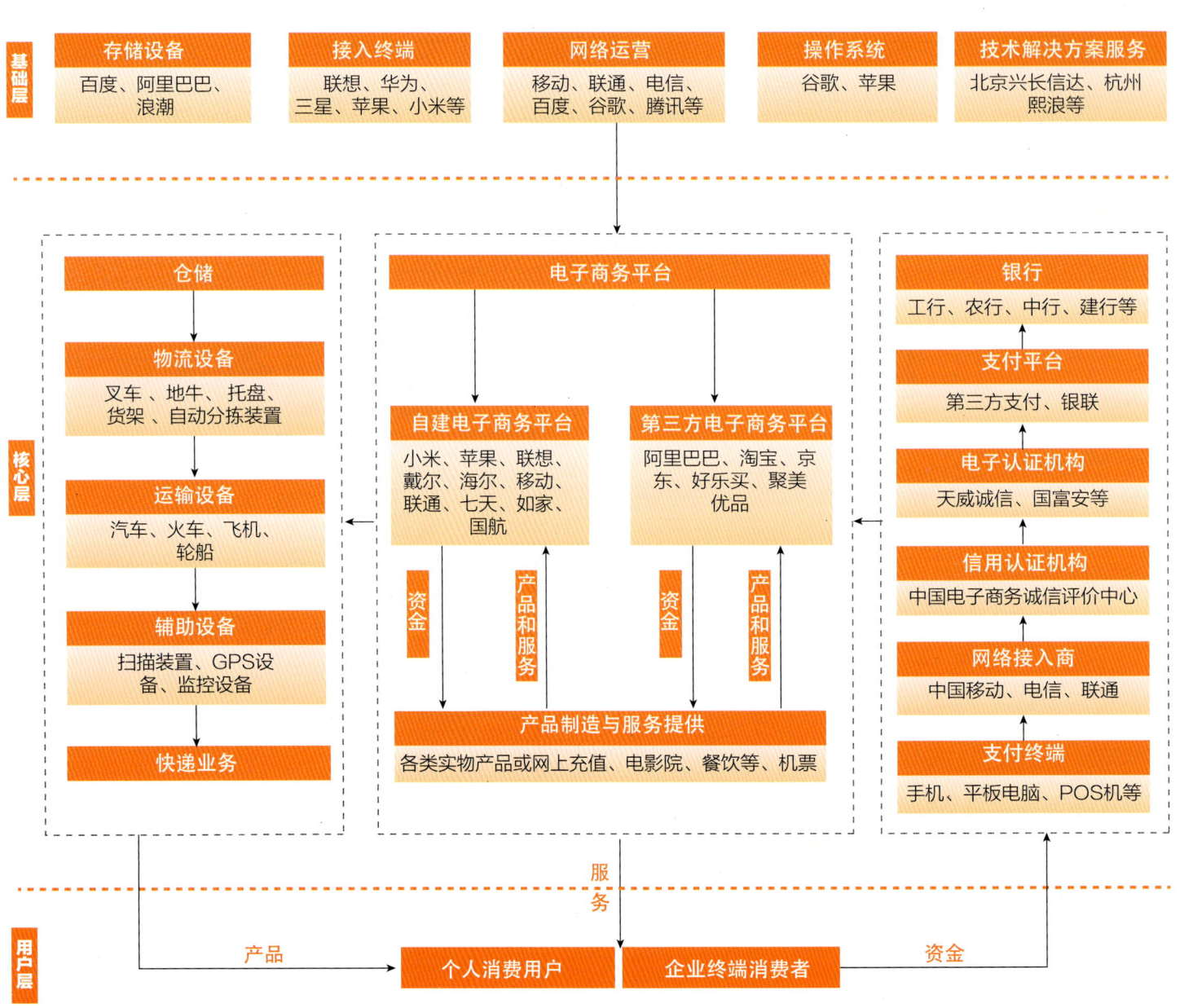

电子商务价值链

基础层

| 存储设备 | 接入终端 | 网络运营 | 操作系统 | 技术解决方案服务 |

核心层

电商物流
2015以服务电商为主的快递业，全年业务量达206亿件，同比增长48%，业务收入2760亿元，同比增长35%

圆通快递
- 2015全年业务量33亿件，营业收入达350亿元
- 70%的包裹来自电商

申通快递
- 2014年申通业务量24亿，营业额为310亿
- 60%以上的快递件来源于电商

顺丰快递
- 2014年顺丰年度销售收入500亿元，物流业务收入257亿
- 2012年电商快递占业务总量的10%

中通快递
- 2014年营业收入超200亿

电子商务交易
2014年中国电子商务交易额16.39万亿元，同比增长59.4%（达到约13万亿元，同比增长25%）。2015年上半年，中国电子商务交易额7.63万亿元，同比增长30.4%

B2B
- 2015年上半年B2B交易额5.8万亿元，同比增长28.8%。（2014年B2B交易额为10万亿元）
- 阿里巴巴39%
- 上海钢联8.7%
- 环球资源5.2%
- 慧聪网3.6%
- 焦点科技2.1%
- 环球市场1.3%
- 网盛生意宝0.7%

B2C和C2C
- 2015年上半年交易规模1.61万亿元，同比增长48.7%。（2014年网络零售交易规模达2.82万亿元，同比增长49.7%）
- 天猫占57.7%
- 京东占25.1%
- 苏宁易购占3.4%
- 唯品会占2.5%

移动网
- 2015年上半年，交易规模达到8421亿元。（2014年中国移动网购9285亿元，同比增长240%）
- 阿里无线80.1%
- 手机京东10.7%
- 手机唯品会2.6%
- 手机苏宁易购1.8%
- 手机1号店0.6%

跨境电商
- 2015年上半年，交易规模达到7.6万亿元，同比增长42.8%。（2014年跨境电商交易规模4.2万亿元，同比增长33.3%）
- 2015年上半年，中国跨境电商B2B交易占比达到91.9%，跨境电商B2C交易占比8.1%

电子支付
2014年，全国共发生电子支付业务333.33亿笔，金额1404.65万亿元，同比分别增长29.28%和30.65%

网上支付
- 2014年网上支付数量285.74亿笔，同比增长20.70%
- 2014年网上支付金额1376.02万亿元，同比增长29.72%

移动支付
- 2014年移动支付业务45.24亿笔
- 2014年移动支付业务金额22.59万亿元

第三方支付企业网上收单
- 2014年1季度交易额份额支付宝和银联商务分别占47.63%和14.07%
- 2014财年（截至2015年3月31日），支付宝的总支付金额达到了6230亿美元

用户层

截至2014年12月底，中国网购用户规模达3.8亿人；
截至2015年6月，中国网购用户规模达4.17亿人；
2015年上半年，网络零售交易规模1.61万亿元。同比增长48.7%

2015年上半年，B2B交易额5.8万亿元。同比增长28.8%

产品 ← 服务 → 资金

电子商务产业

数据来源：商务部电子商务司、eMarketer、中国电子商务研究中心。

电子商务业务类型汇总

类型	介绍
B2B	商家（泛指企业）对商家的电子商务，即企业与企业之间通过互联网进行产品、服务及信息的交换。
B2C	企业通过互联网为消费者提供一个新型的购物环境——网上商店，消费者通过网络在网上购物、在网上支付。
C2C	个人与个人之间的电子商务，如淘宝网。
B2M(1)	面向市场营销的电子商务（电子商务公司或电子商务是其重要营销渠道的公司）。B2M 电子商务公司根据客户需求为核心而建立起的营销型站点，并通过线上和线下多种渠道对站点进行广泛的推广和规范化的导购管理，从而使得站点作为企业的重要营销渠道。
B2M(2)	企业通过网络平台发布该企业的产品或者服务，职业经理人通过网络获取该企业的产品或者服务信息，并且为该企业提供产品销售或者提供企业服务，企业通过经理人的服务达到销售产品或者获得服务的目的，职业经理人通过为企业提供服务而获取佣金。如猎聘网、易富宝。
M2C	M2C 环节中，经理人将面对最终消费者。
B2G	企业与政府机构之间进行的电子商务活动。例如，政府将采购的细节在互联网络上公布，通过网上竞价方式进行招标，企业也要通过电子的方式进行投标。
C2G	消费者对行政机构的电子商务，指的是政府对个人的电子商务活动。这类的电子商务活动目前还没有真正形成，在个别发达国家，如在澳大利亚，政府的税务机构已经通过指定私营税务，或财务会计事务所用电子方式来为个人报税。
O2O	线下的商务机会与互联网结合，让互联网成为线下交易的前台。如团购网。
ABC	是由代理商（Agents）、商家（Business）和消费者（Consumer）共同搭建的集生产、经营、消费为一体的电子商务平台。三者之间可以转化。大家相互服务，相互支持，你中有我，我中有你，真正形成一个利益共同体。如淘众福。
M2B	生产厂商直接面对经销商，如搜科网。
B2B2C	第一个 B 指广义的卖方（即成品、半成品、材料提供商等），第二个 B 指交易平台，即提供卖方与买方的联系平台，同时提供优质的附加服务，C 即指买方。
BAB	A 是 Agent，在 B2B 的基础上，依靠有信誉的平台方（Agent）提供智能推荐、精准匹配、流程优化、成果保障、数据跟踪等全方位的交易撮合与保障服务，目的是打造出一个诚信、高效交易的电子商务环境。

全球电子商务产业发展综述

全球电子商务产业发展迅猛，B2B 仍是全球电子商务规模最大的业务模式。从电子商务 B2B、B2C 和 C2C 三种主要业务模式来看，B2B 依然是全球电子商务市场的主旋律。2013 年全球 B2B 电子商务的产值超过 15 万亿美元。总产值中的 75% 来自美国、北爱尔兰、日本和中国[1]。

全球电子商务 B2C 市场增长最快。随着无线网络和移动智能终端的普及，B2C 市场份额进一步扩大。2014 年全球零售电子商务总销售额达到 1.316 万亿美元[2]。北美仍然是零售电子商务销售额份额最高的区域，占全球数字消费的三分之一。2015 年全球零售电子商务总销售额预计实现 1.6 万亿美元，其中亚太地区将达到 8776 亿美元，同比增长 35.7%，首次占据全球网络零售额的 52.5%[3]。中国和美国领先于全球在线零售市场，2014 年二者合计占全球在线零售销售额的 50.7%，其中占全球市场最大份额的中国高达近 35%，年增幅 5%[4]。

未来电子商务产业发展将呈现以下趋势：移动互联化，宽带无线移动通信技术和 Web 应用技术的不断创新促进移动智能终端电子商务的发展；线上线下相结合的服务个性化，云计算、大数据技术等利用数据分析预测用户需求、智能匹配供需信息、定位个人兴趣、爱好等的 O2O 模式发展迅速；跨境电商的全球化，全球信息安全技术、网络技术的协同与合作，促进电商业务在全球范围的安全、便捷交易。

---

[1] 联合国贸易发展促进会《2015 年信息经济发展报告》。
[2] 中国电子商务研究中心 (100EC.CN) 数据。
[3] eMarketer 研究。
[4] eMarketer 研究。

全球电子商务产业发展综述（续）

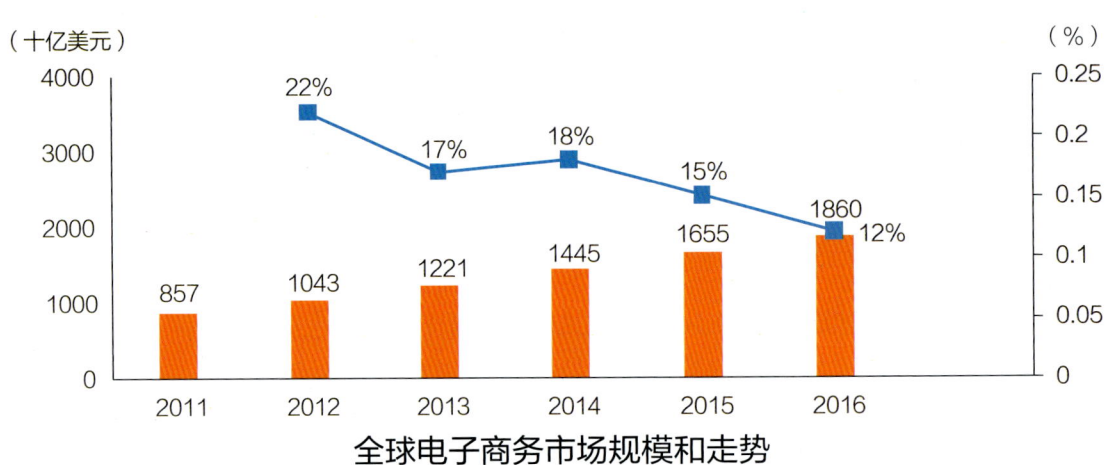

全球电子商务市场规模和走势

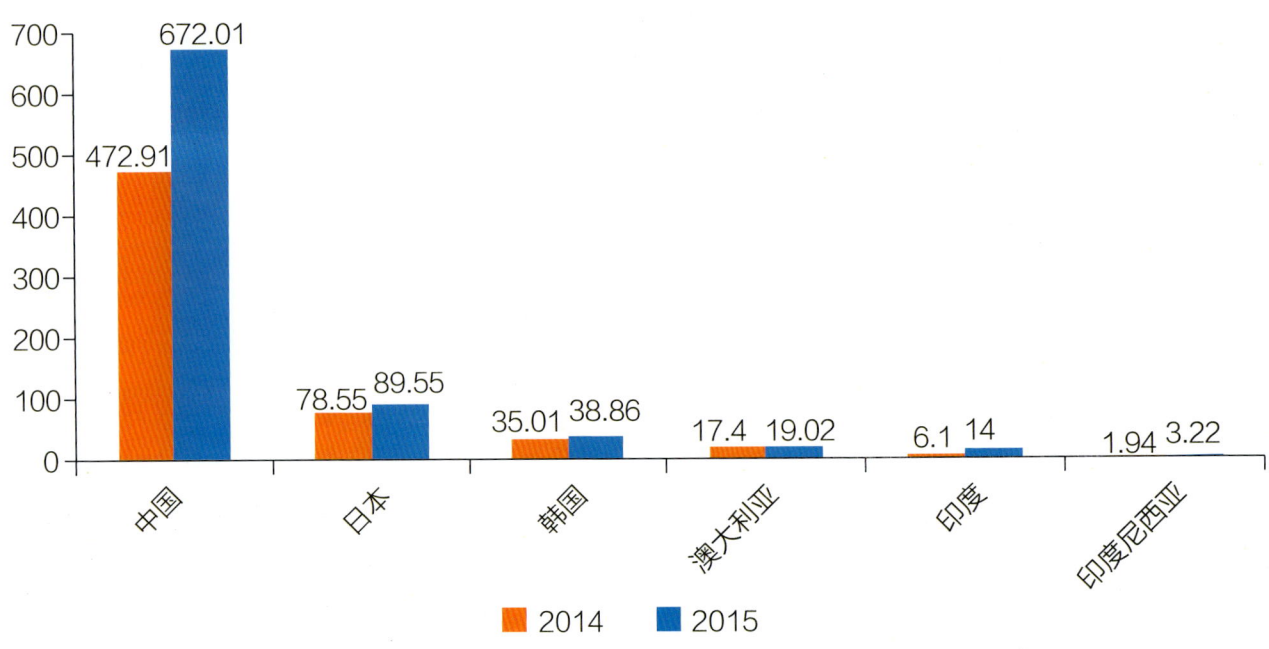

亚太地区主要国家零售电子商务销售额（2014、2015）[1]

---

① eMarketer 研究报告。

全球电子商务市场分布

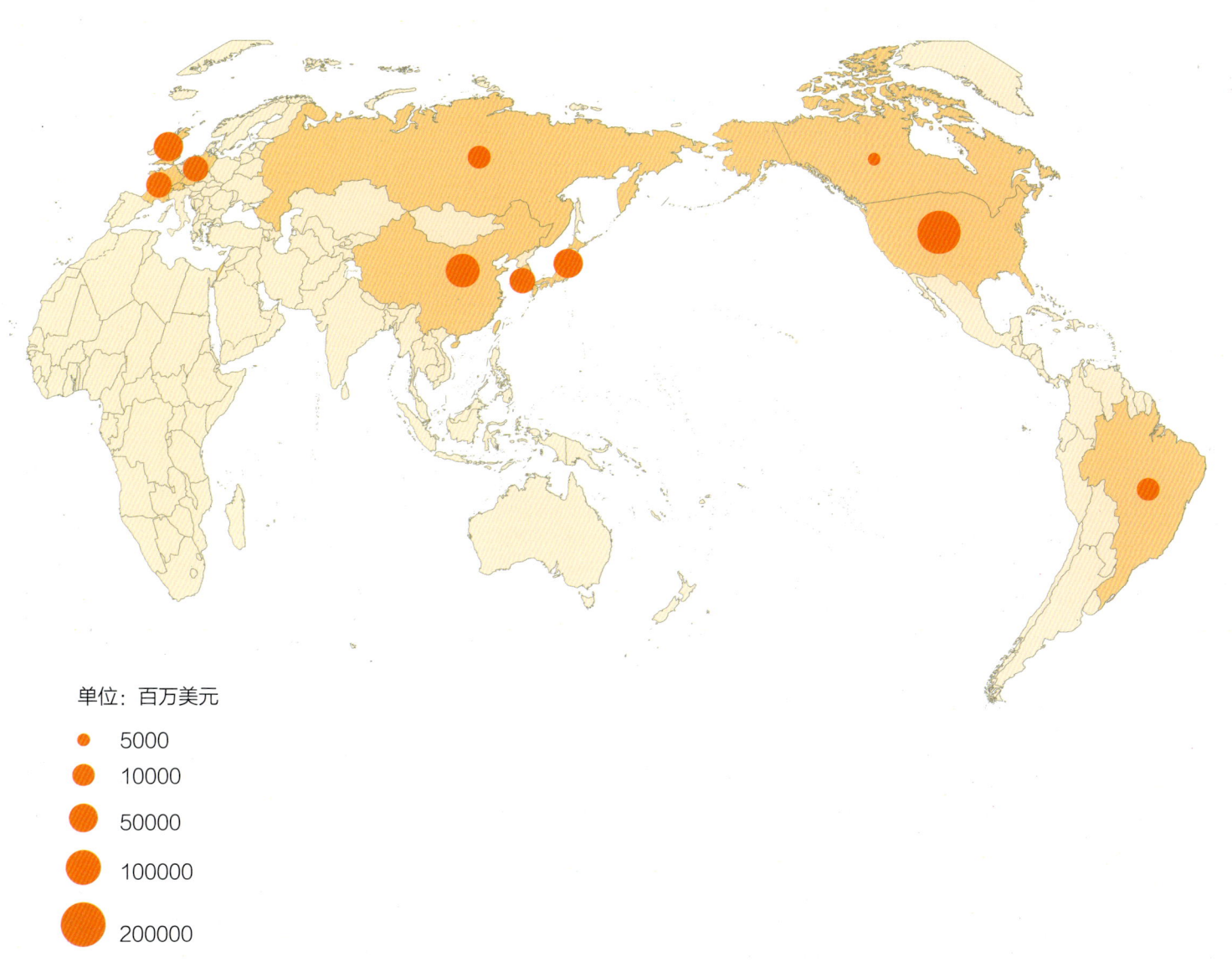

单位：百万美元
- 5000
- 10000
- 50000
- 100000
- 200000

资料来源：阿里研究院研究报告。

电子商务产业

全球电子商务领导企业地理分布

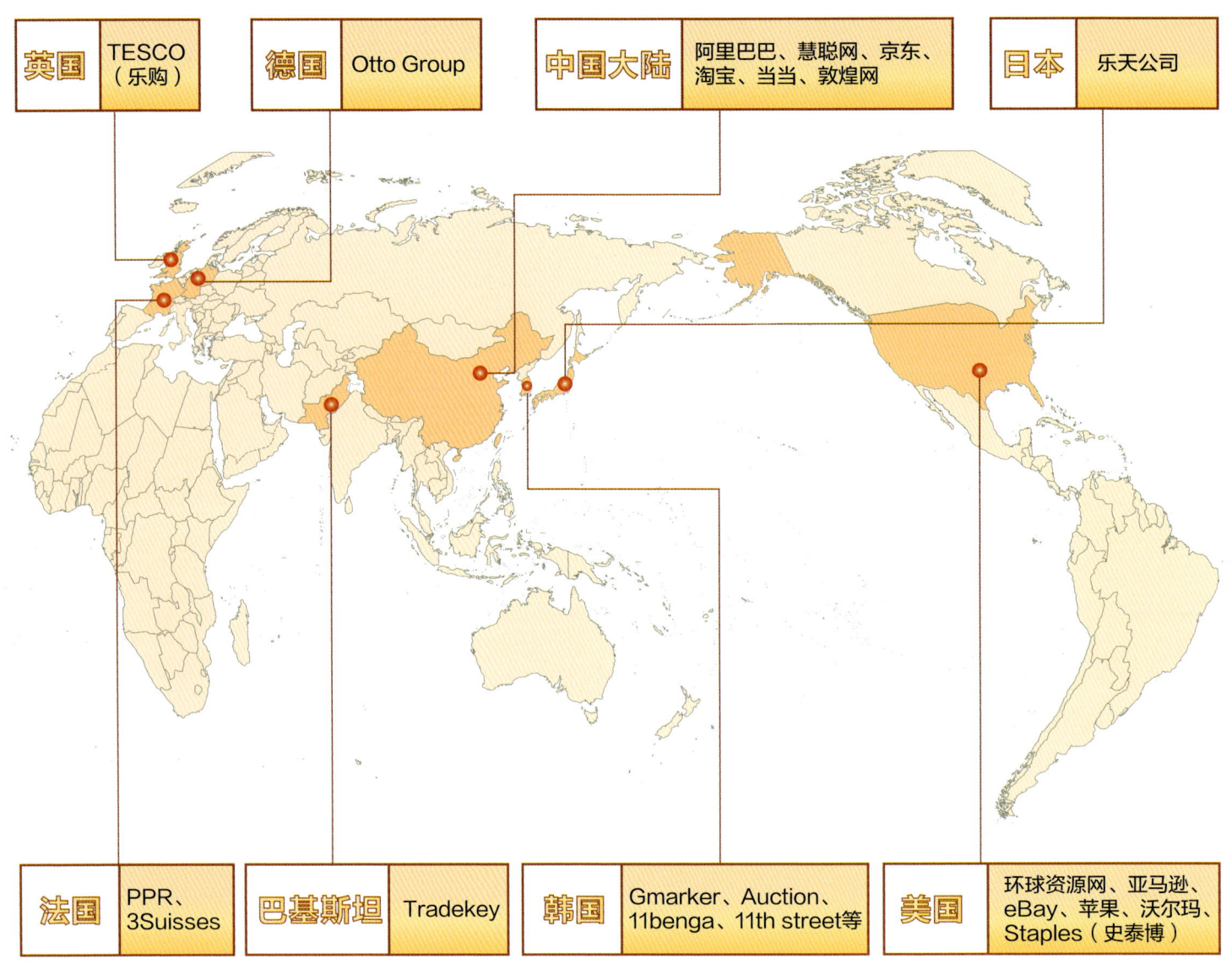

国外电子商务领导企业类别

企业名称	国别	类别				
		B2B	B2C	C2C	O2O	综合类
亚马逊	美国		●	●		●
Otto Group	德国		●			
eBay	美国		●	●		●
乐天	日本		●			●
环球资源网	美国	●				●
Tesco（乐购）	英国		●			●
Staples（史泰博）	美国	●	●			
苹果	美国		●			
沃尔玛	美国		●			●
Tradekey	巴基斯坦	●				●
Uber	美国				●	

国外电子商务领导企业动向

厂商名称	国别	主要动向
亚马逊	美国	亚马逊希望能与游戏开发者和梦想家建立友好关系，并借机顶盒打造自主生态系统，同时进军在线视频领域；据华尔街日报报道，亚马逊在 2014 年 6 月正式发布智能手机。
Otto Group	德国	德国 Otto Group（奥拓集团）是全球最大在线服饰和生活用品零售渠道商，于 2013 年 7 月全面收购法国电子商务集团 3SI Group 的 B2C 电子商务和服务业务。
eBay	美国	2014 年 4 月 eBay 涉足保险领域，新推跨境交易保险，让卖家获得相应的理赔保障；eBay 的"全球运送计划"覆盖范围再次扩展。自 4 月 8 日起，除了已有的 44 个国家之外，该计划还新增了 9 个可达到的国家，包含中东、东欧等地的主要国家市场。
乐天	日本	2014 年 4 月 22 日，日本乐天国际市场宣布，正式开通支付宝作为付款方式。首批将有约 250 家的店铺接受支付宝付款，未来将逐步扩展至上万家店铺。
环球资源网	美国	环球资源 Global Sources 2014 年 4 月宣布与中国对外贸易中心（集团）开展合作，双方于 2015 年 3 月 23 日至 25 日在上海全新的中国博览会会展综合体联合举办首届上海国际电子展览会。
苹果	美国	2014 财年第一财季，通过苹果产品实现的额外、非苹果传统式的"产品"业务营收达到 44 亿美元，同比增幅高达 19%。根据 Dashlane 提供的测试报告，苹果是电子网络安全最好的电子商务企业。
Tesco	英国	Tesco（乐购）是全球三大零售商之一，在全球 12 个国家拥有超过 6700 家门店。2013 年，Tesco 在华销售额 223 亿元，整体亏损，拟撤出中国市场。2013 年 10 月 29 日，计划将其在线购物服务扩展到亚洲，在泰国的超市开启"click-and-collect"（点击收集）服务。
Staples（史泰博）	美国	Staples 是全球最大办公用品零售商、美国第二大在线零售商，在 2014 年 Internet Retailer 发布的美国互联网零售 500 强中排名第三。由于线下业务的持续萎缩，2014 年 Staples 宣布关闭 170 个零售点，到 2015 年底关闭北美的 225 家门店，未来 Staples 将更多依赖于线上的发展。2014 年在美国的 1400 家实体店全面采纳 Apple Pay。

全球电子商务相关专利分布

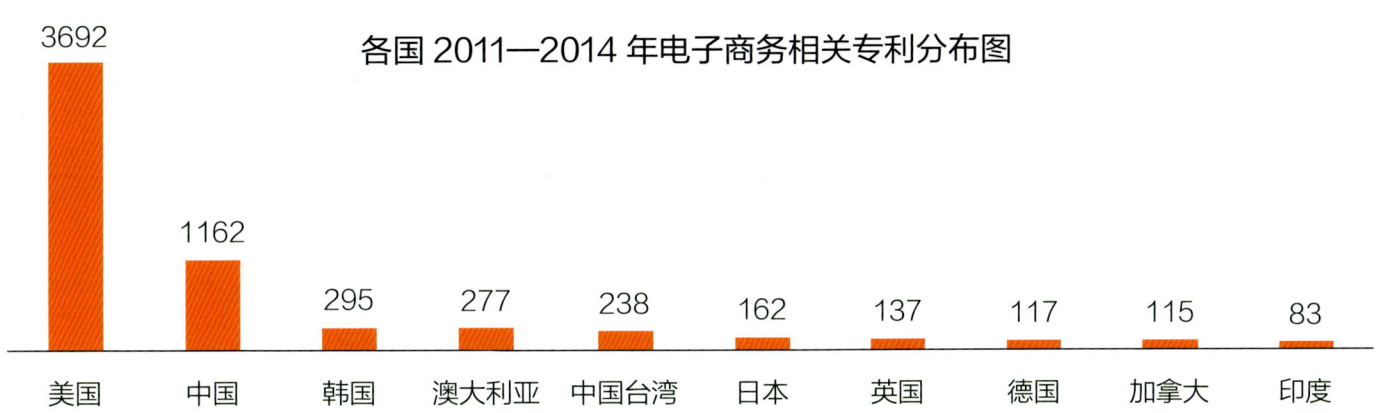

各国 2011—2014 年电子商务相关专利分布图

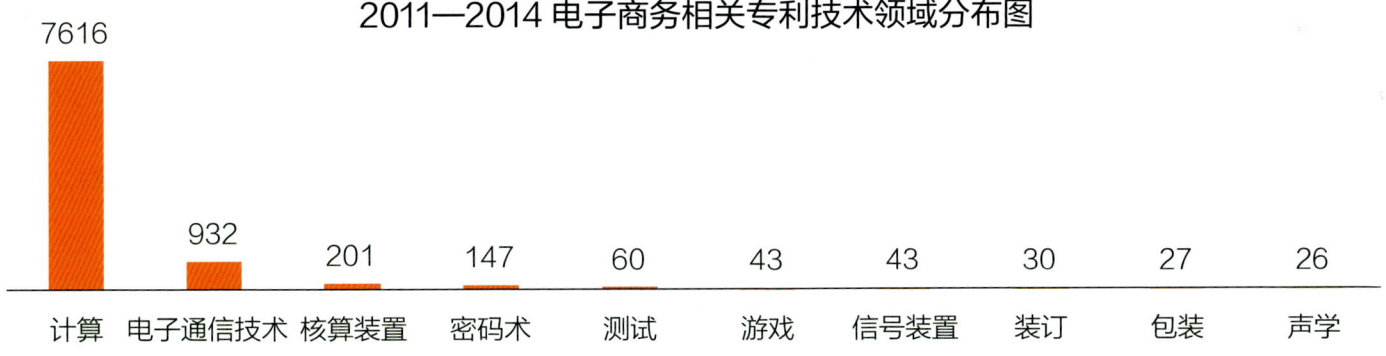

2011—2014 电子商务相关专利技术领域分布图

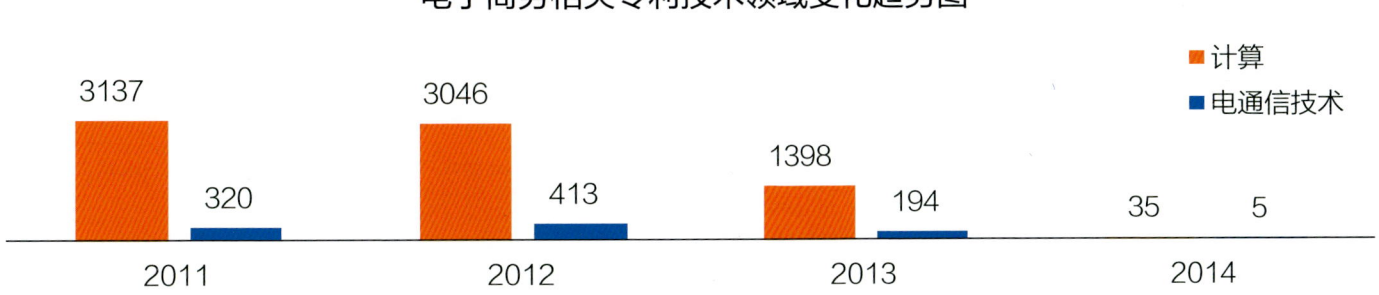

电子商务相关专利技术领域变化趋势图

资料来源：国家知识产权局专利检索与服务系统。时间：2011.07.01-2014.05.01。

主要国家电子商务产业政策

国别	政策要点	政策内容
美国	环境优化	（1）网上贸易的发展应以市场为导向，而不是以政府和法律规范为导向；（2）政府避免对电子商务做不必要的限制，如制定新的或不必要的法律规则、官僚程序以及税收限制；（3）政府参与电子商务的目的是支持和实施可预测的、最小化的、持续性的和简单的商务法律环境。
美国	税收	《全球电子商务纲要》，号召各国政府尽可能地鼓励和帮助企业发展 Internet 商业应用，建议将 Internet 宣布为免税区，凡无形商品（如电子出版物、软件、网上服务等）经由网络进行交易的，无论是跨国交易或是在美国内部的跨州交易，均应一律免税；对有形商品的网上交易，其赋税应按照现行规定办理。
美国	小企业电子商务战略	培训为小企业服务的政府官员； 将常用的政府指定的产品和表格搬上因特网，使小企业尽可能使用因特网与政府加强联系；同其他部门（数字经济工作小组等）一同努力制定反映因特网对小企业经济影响的更好的测度标准； 制定与民营部门合作的全面发展计划，展示小企业如何以有利可图的方式使用因特网和开展电子商务； 大力宣传成功使用因特网和电子商务的小企业； 制定一个以因特网为基础的计划，使出口商和出口融资供应商相互匹配，允许即期信息交易。
德国	目标	由德国经济和技术部支持的 PROZEUS 项目通过整合流程并建立电子商务标准，为中小企业提高电子商务能力提供支持。促进企业，特别是中小企业将电子过程融入其商务活动中。
德国	平台建设	政府协调建立高效和廉价的接入全球信息网络。
德国	安全保障	必须向全体参与者保证进行电子商务的安全性；建立适合电子商务特点的法律框架条件。
日本	目标	建立高度可依赖的网络商业平台，其中对电子商务的发展趋势、构筑电子认证系统、明确网络服务提供者的责任、推进跨国界电子商务以及网络域名等问题重点关注。
日本	研发	《数字化日本行动纲领》着重发展日本在世界上领先的技术，抢占技术标准或者事实上的技术标准。
日本	国际化	日本有关电子签名的立法应当考虑到互联网的国际性质，注意与美国及欧盟的相应立法相协调，以致日本公司提供的电子签名认证服务能够打入外国市场，外国公司提供的服务也能在日本得到承认。
英国	平台建设	通过电信管理局规范监督市场，促进公平竞争，支持和鼓励企业开展电子商务，帮助建立在线培训网站。网上政务公开也为人们了解相关政策，以及与政府部门的商务联络提供了极大方便。
英国	交易规范	《电子商务条例》，包括对网上信息和服务提供者的要求（如要求提供姓名、地址、联系方式、注册机构等）、对网上商品和服务的描述（如注明价格、是否包括增值税和运输费等）、网上发布广告的要求等内容、在线合同订立的原则、在线争端解决以及网上订单取消等内容。

中国电子商务产业发展综述

近年来,中国电子商务快速发展。2014 年,中国电子商务市场交易规模达 13.4 万亿元,同比增长 31.4%[①]。其中 B2B 交易额占 74.6%,网络零售占 21%,O2O 占 4.4%。截至 2015 年上半年,中国网络零售交易规模 1.61 万亿元,占社会消费品零售总额的 11.4%,同比增长 31%,比 2014 年的 10.6% 增长了 0.8 个百分点。

各细分市场中,B2B 仍然是电子商务的主体。2014 年中国 B2B 市场交易额达 10 万亿元,同比增长 21.9%。2014 年中国中小企业 B2B 市场交易营业收入为 234.5 亿元,增长率为 32.0%。阿里巴巴仍然一家独大,2014 年以 34.3% 的营收比占据首位。而"我的钢铁网"份额由 2013 年的 8.7% 增长至 2014 年的 19.9%,位居第二。

智能手机和移动购物 APP 的广泛应用,推动中国 B2C、C2C 为代表的网络零售市场爆发式发展。2014 年中国网络购物市场交易规模达到 2.8 万亿,同比增长 49.7%;其中 B2C 交易规模达 12882 亿元,占网络零售市场的 45.8%。2014 年 C2C 市场增速为 35.2%,在满足网购用户差异化及个性化需求方面有一定优势。另外,2014 年中国移动购物市场交易规模为 9297.1 亿元,同比增长 239.3%,占网络购物整体市场的 33.0%。

企业竞争方面,腾讯入股京东后,中国网络零售市场格局日趋明显。2015 年上半年天猫、京东位于第一梯队,分别占 57.7%、25.1% 的市场份额;苏宁易购、唯品会、国美在线、1 号店、当当、亚马逊中国、聚美优品、易迅位于第二、三梯队。淘宝网则占据了 86% 的移动网购市场。

2014 年我国相继出台电子商务相关的十大政策,涉及跨境电子商务零售出口税收政策、网络交易管理、电商物流、商业银行与第三方支付机构合作业务管理、互联网食品药品经营监督管理等。2015 年上半年,中国跨境电商交易规模达到 7.6 万亿元,同比增长 42.8%。

中国电子商务技术创新、模式创新不断涌现。支付宝、摇一摇支付、二维码支付、微信支付等支付方式创新,带来移动网路支付的便捷化,推动电子商务快速发展。大数据是电商物流配送、网络支付以及整个电子商务发展的基础资源与优势体现,大数据技术创新和商业模式的融合是未来电子商务新趋势。

---

① 中国电子商务研究中心(100EC.CN)数据。

中国电子商务领导企业地理分布

中国电子商务领导企业主要服务类型

企业及品牌	城市	服务类型					
		综合类服务	专业类服务	产品类交易	服务类交易	B2B	B2C
阿里巴巴	杭州	●		●		●	
慧聪网	北京	●		●		●	
乐百供采购网	南京	●		●		●	
中国制造网	南京	●		●		●	
生意宝	杭州	●		●		●	
中国供应商	北京	●		●		●	
马可波罗	北京	●		●		●	
敦煌网	北京	●		●		●	
环球资源网	深圳	●		●		●	
淘宝网	杭州	●		●	●		●
天猫	杭州	●		●	●		●
京东	北京	●		●	●		●
苏宁易购	南京	●		●	●		●
腾讯电商	深圳	●		●	●		●
亚马逊中国	北京	●		●	●		●
1号店	上海	●		●	●		●
唯品会	广州	●		●	●		●
当当网	北京	●		●			●
国美在线	北京	●		●			●
凡客诚品	北京		●	●			●
乐蜂网	北京		●	●			●
聚美优品	北京		●	●			●

电子商务产业

中国电子商务领导企业动向（B2B）

企业及平台	最新动向
阿里巴巴	2014年阿里巴巴的营业收入超过708亿元人民币。2014年先后并购或投资了FirstDibs、TutorGroup、佰程旅行网、华数媒体、快的打车等33家企业，阿里以5.86亿美元投资新浪微博，又以2.94亿美元入股高德。2014年9月20日，阿里巴巴在美国上市，一度成为全球第四大市值的上市公司。
慧聪网	慧聪网成立于1992年，是国内B2B电子商务服务提供商。注册企业用户已超过1500万，买家资源达到1120万，覆盖行业超过70余个。2014年慧聪网营业收入为9.66亿元人民币，同比年增长15.4%，公司正积极考虑重启转至主板上市。
乐百供采购网	乐百供采购网是全球领先的工业品采购与工业品招投标的电子商务网站。2014年，乐百供采购网延续"工业品采购专家"的追求，推出采购"私人定制"马上升级，不仅在电子商务的浪潮中闯出一片蓝海，也为工业企业采购提供了不一样的选择。
生意宝	生意宝专业从事互联网信息服务、电子商务和企业应用软件开发。2014年4月网盛生意宝旗下检测行业一站式服务平台检测通，与中国化工集团旗下十二家国家级和行业检验检测中心签署战略合作协议，双方就在检验检测能力资源整合、检验检测品牌塑造与检测业务新渠道拓展等多方面展开深入合作。
中国供应商	中国供应商是由中国互联网新闻中心推出的权威、诚信的B2B电子商务网上贸易平台。2013年开创性地建立了最适合中小企业需要的IT应用服务运营模式，运用先进的信息技术搭建起一个适合企业业务和管理需要的应用服务平台，并透过庞大的全国性商务网络，面对面地向企业客户提供全方位、标准化、一站式的IT应用服务和信息化解决方案。
马可波罗	创立于2006年的马可波罗网在B2B行业综合排名已位居第二，仅次于阿里巴巴。于2013年11月开始用搜索引擎的模式创新B2B行业，而大数据技术正是这家黑马企业的最新利器。
敦煌网	外贸电商平台敦煌网联合招商银行推出的联名借记卡——敦煌网生意一卡通推出在线贷款服务，于2014年4月2日正式启动。

中国电子商务领导企业动向（B2C）

企业名称	最新动向
淘宝网	淘宝网于2014年4月10日公布打击虚假交易新规定，遏制商家"刷信誉"。最近淘宝为保护正品商家利益，提升了耐克等四大运动品牌的保证金。同时，随着淘宝司法拍卖开始逐步流行，司法拍卖的房产也开始可以进行按揭付款。
天猫	全球顶级奢侈品牌商Burberry于2014年4月宣布与天猫达成战略合作，天猫成为其在中国唯一线上战略级合作伙伴。Burberry全线产品入驻天猫官方旗舰店的同时，双方还将共享会员资源、门店资源及市场推广资源，为中国消费者共同打造开放式创新型零售平台。
京东	2014年京东开启了"智能云"服务；京东宣布与恒大音乐、索尼音乐、华谊音乐、太合麦田、种子音乐等十几家国内一线唱片公司结盟，推出"东乐计划"，推动原创音乐发展。第一款理财产品"京东8.8"正式上线。
苏宁易购	2014年2月苏宁易购依托雄厚的供应链优势，巧推"新品"独享服务模式，打造覆盖线上线下O2O融合的"极致用户体验"成为行业新标杆。
腾讯电商	腾讯2014年3月10日发布公告以2.14亿美元收购京东上市前15%股份，腾讯和京东牵手意味着电商格局新一轮的整合开始，腾讯和京东将从交易中各取所需。
亚马逊中国	亚马逊中国2014年4月9日宣布，将首发UHD(超高清)曲面电视；并于2014年4月17日宣布上线运营中国首家线上空气净化馆。亚马逊空气净化馆汇集了包括空气净化器、口罩、炭包、制氧机、雾化器等各品类多品牌的空气净化相关产品。
1号店	2014年3月中旬1号店宣布与中国邮政储蓄银行达成战略合作，双方将联合推出涵盖"小微贷"、"信用贷"和"金融团"等多个品种的电商供应链金融产品，为商家及合作伙伴提供低成本、可靠度高、无担保抵押的融资解决方案。
唯品会	2014年唯品会投资1.125亿美元现金，战略入股东方风行旗下的乐蜂网子公司75%的股份。战略入股后唯品会将保持乐蜂网独立运作，同时东方风行集团将提供旗下达人品牌的化妆品和服装在唯品会网站上销售。
当当网	当当和1号店2014年2月已经签订合作协议，当当将在1号店销售图书，1号店将在当当平台上销售食品和日用百货。
国美在线	2014年4月国美在线与百度钱包开展合作。

中国电子商务创新基地的地理分布

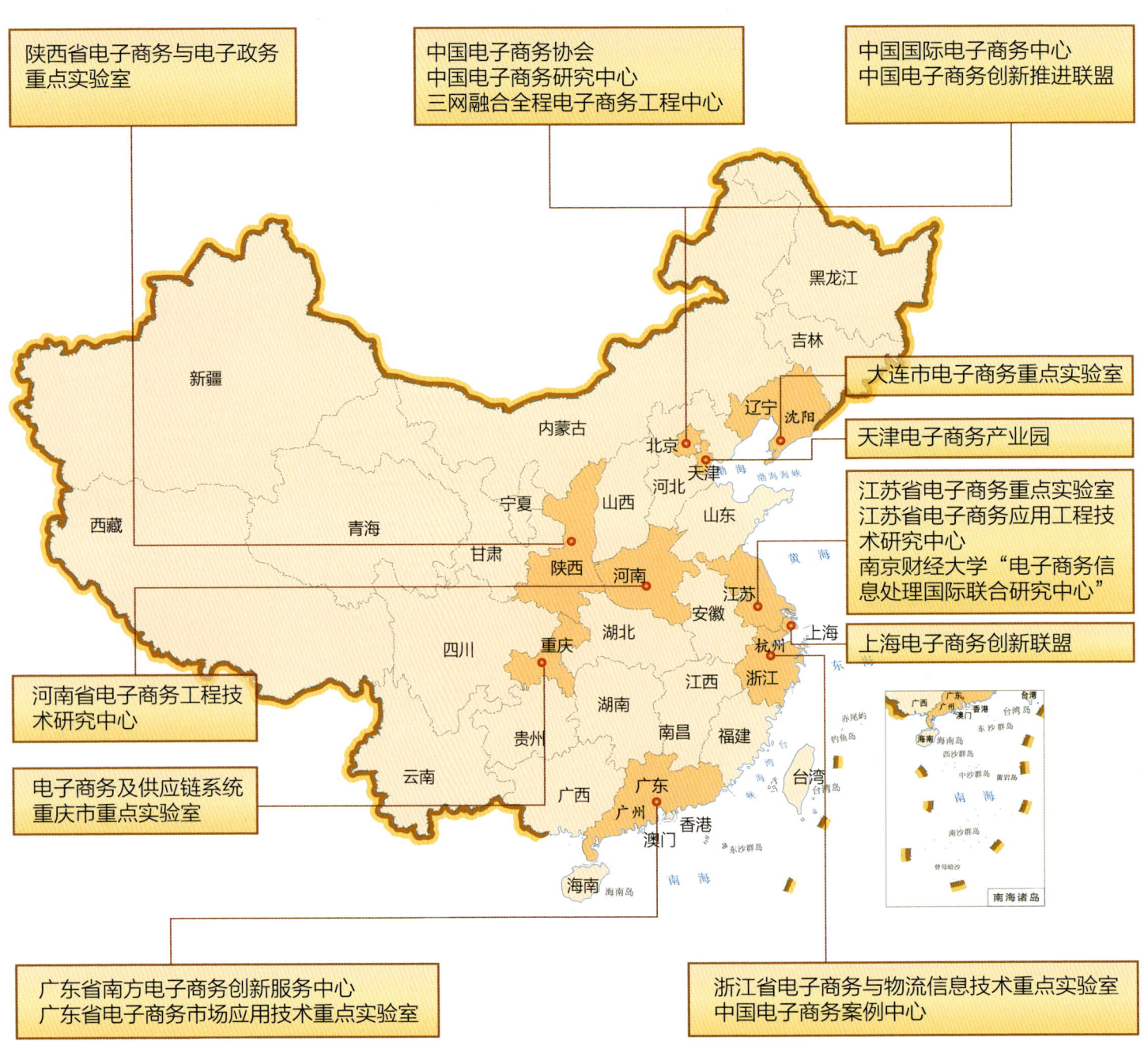

中国电子商务专利分布

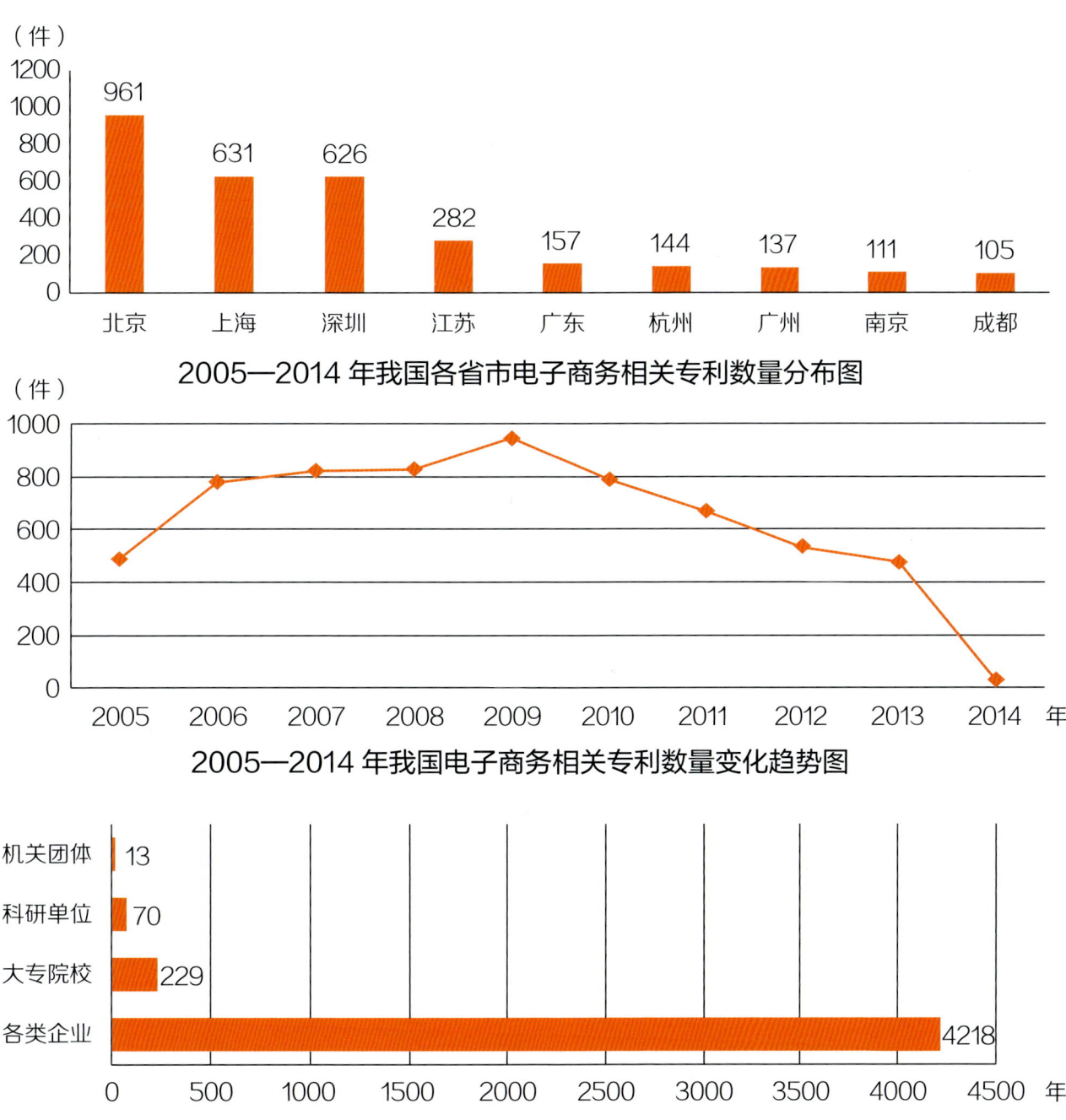

2005—2014 年我国各省市电子商务相关专利数量分布图

2005—2014 年我国电子商务相关专利数量变化趋势图

2005—2014 年我国电子商务相关专利发明机构属性分布图

资料来源：国家知识产权局专利检索与服务系统。时间：2005.01.01-2014.05.01。

国家科技计划项目在产业链上的布局

产业创新与竞争地图 第二辑

基础层

存储设备
- 存储系统测试评价技术和平台
- 存储产品及系统测试评价平台
- 面向下一代的海量高端存储系统关键技术和应用示范

接入终端
- 移动互联网设备演示样机设计和实现

网络运营
- 面向WRC15无线移动频谱研究与验证
- 超高速无线局域网组网技术研究与验证
- 基于离散窄带频谱的宽带无线接入技术研发

操作系统
- 以支撑电子商务为主的网络操作系统
- 以支撑公众与企业服务为主的网络操作系统研制
- 以支撑搜索服务为主的网络操作系统研制

技术解决方案服务
- 基于TD-LTE的宽带移动专用通信网络总体方案与测试评估研究

核心层

物流服务技术
- TD-SCDMA行业信息化应用方案开发及产业化
- 供应链协同电子商务技术研究与应用示范

物流服务平台
- 全程供应链第三方物流服务平台研发与应用
- 物流信息服务平台研发与应用示范
- 区域物流资源共享服务平台研发和应用
- 典型行业物流协同服务平台研发与应用

物流终端与配送服务
- 速递物流及物流终端综合服务技术研发与应用示范
- 网购物流城市共同配送服务技术研究与应用示范
- 胶东半岛城市(群)物流配送服务技术研究及应用示

电子商务平台技术
- 面向社区的开源软件标准服务平台关键技术及系统
- 面向公共计算服务的网格平台研究及应用
- 互联网语言翻译系统研制
- TD-SCDMA行业信息化应用方案开发及产业化

电子商务服务
- 大宗物品全程电子商务技术研究开发与应用示范
- 区域移动电子商务关键技术研究及应用示范工程
- 典型行业电子商务服务技术研发与应用示范

产品制造与服务提供
- 面向电子制造产业集群的电子商务服务及应用示范
- 家电类消费品电子商务服务技术研究开发与应用示范

支付平台
- 新一代电子支付服务体系构建及应用示范

网络接入商
- 基于C语言的移动应用软件开发(即时通信、高性能浏览器、移动支付)
- 宽带移动业务关键技术开放式研究(移动支付安全技术)

支付终端
- 基于多模卫星移动终端的多路协作分集技术研究
- 智能环境中智能感知与交互的智能手机
- 移动智能手机能耗管理

用户层

产品 → 个人消费用户 | 企业终端消费者 ← 资金

服务

中国电子商务产业主要政策

政策分类	主要内容	文件名称
财税	从事电子商务活动的企业，经认定为高新技术企业的，依法享受高新技术企业相关优惠政策，小微企业依法享受税收优惠政策。 逐步将旅游电子商务、生活服务类电子商务等相关行业纳入"营改增"范围。 加大政府利用电子商务平台进行采购的力度。	《关于大力发展电子商务加快培育经济新动力的意见》（国发〔2015〕24号）（2015年5月）
财税	研发设计、检验检测认证、节能环保等科技型、创新型生产性服务业企业，可申请认定为高新技术企业，享受15%的企业所得税优惠税率。	《关于加快发展生产性服务业促进产业结构调整升级的指导意见》（国发[2014]26号）（2014年8月）
财税	对于电子商务出口企业出口货物（财政部、国家税务总局明确不予出口退（免）税或免税的货物除外），同时符合一定条件的，适用增值税、消费税退（免）税政策。	《关于跨境电子商务零售出口税收政策的通知》（财税[2013]96号）（2013年12月）
金融	加大对电子商务企业境外投资并购的贷款支持，研究制定针对电子商务企业境外上市的规范管理政策。	《关于大力发展电子商务加快培育经济新动力的意见》（国发〔2015〕24号）（2015年5月）
金融	建立生产性服务业重点领域企业信贷风险补偿机制。完善动产抵（质）押登记公示体系，建立健全动产押品管理公司监管制度。支持符合条件的生产性服务业企业通过银行间债券市场发行非金融企业债券融资工具融资，拓宽企业融资渠道。支持商业银行发行专项金融债券，服务小微企业。 鼓励分期付款等消费金融服务方式。	《关于加快发展生产性服务业促进产业结构调整升级的指导意见》（国发[2014]26号）（2014年8月
研发	加强电子商务领域云计算、大数据、物联网、智能交易等核心关键技术研究开发。 强化产学研结合的企业技术中心、工程技术中心、重点实验室建设。	《关于大力发展电子商务加快培育经济新动力的意见》（国发〔2015〕24号）（2015年5月）
研发	加强物流核心技术和装备研发，推动关键技术装备产业化，鼓励物流企业采用先进适用技术和装备。 加快食品冷链、医药、烟草、机械、汽车、干散货、危险化学品等专业物流装备的研发。	《物流业发展中长期规划（2014—2020年）》（国发〔2014〕42号）（2014年10月）

中国电子商务产业主要政策（续）

政策分类		主要内容	文件名称
人才		探索实训式电子商务人才培养与培训机制。 推进国家电子商务专业技术人才知识更新工程。 参加职业培训和职业技能鉴定的人员，以及组织职工培训的电子商务企业，可按规定享受职业培训补贴和职业技能鉴定补贴政策。鼓励有条件的职业院校、社会培训机构和电子商务企业开展网络创业培训。	《关于大力发展电子商务加快培育经济新动力的意见》（国发〔2015〕24号）（2015年5月）
试点示范		实施网络定制服务、网络平台服务、网络交易服务、网络贸易服务、网络交易保障服务技术研发与应用示范工程。 推动国家电子商务示范城市、示范基地建设。 开展电子商务进农村综合示范，推动信息进村入户，利用"万村千乡"市场网络改善农村地区电子商务服务环境。 加强对中西部和东北地区电子商务示范城市的支持与指导。	《关于大力发展电子商务加快培育经济新动力的意见》（国发〔2015〕24号）（2015年5月）
		十二大重点工程：多式联运工程、物流园区工程、农产品物流工程、制造业物流与供应链管理工程、资源型产品物流工程、城乡物流配送工程、电子商务物流工程、物流标准化工程、物流信息平台工程、物流新技术开发应用工程、再生资源回收物流工程、应急物流工程。	《物流业发展中长期规划（2014—2020年）》（国发〔2014〕42号）（2014年10月）
产业规制	贸易监管	推进跨境电子商务通关、检验检疫、结汇、缴进口税等关键环节"单一窗口"综合服务体系建设，简化与完善跨境电子商务货物返修与退运通关流程，提高通关效率。 探索建立跨境电子商务货物负面清单、风险监测制度，完善跨境电子商务货物通关与检验检疫监管模式。 建立跨境电子商务及相关物流企业诚信分类管理制度。	《关于大力发展电子商务加快培育经济新动力的意见》（国发〔2015〕24号）（2015年5月）
	标准	规范统一线上线下的商品编码标识，完善电子商务标准规范体系，研究电子商务基础性关键标准，积极主导和参与制定电子商务国际标准。	《关于大力发展电子商务加快培育经济新动力的意见》（国发〔2015〕24号）（2015年5月）
	信息安全	电子商务企业要按照国家信息安全等级保护管理规范和技术标准相关要求，采用安全可控的信息设备和网络安全产品，建设完善网络安全防护体系、数据资源安全管理体系和网络安全应急处置体系。	《关于大力发展电子商务加快培育经济新动力的意见》（国发〔2015〕24号）（2015年5月）
		建立健全物流安全监管信息共享机制，物流信息平台及物流企业信息系统要按照统一技术标准建设共享信息的技术接口。	《物流业发展中长期规划（2014—2020年）》（国发〔2014〕42号）（2014年10月）

互联网金融产业

互联网金融产业链

基础设施与服务

金融基础设施

传统清算	资金存管	征信	第三方担保
Visa 万事达 银联	银行金融机构 银联 第三方支付机构	TransUnion Equifax FICO Experian 鹏远征信 腾讯征信 芝麻信用	平安融资担保 证大速贷 中安信业 金融联

技术基础设施

通信基础设施	移动终端	服务器	数据库	软件系统
移动通信运营商	苹果 三星 联想 华为 小米	IBM DELL HP	ORACLE IBM SAP	TCS Fiser Fis SunGard DST 恒生电子 金证股份 晓风科技

服务平台

互联网金融服务平台

移动支付
PayPal
Square
Moneybookers
Apple Pay
支付宝
腾讯
拉卡拉

融资

股权型众筹
FundersClub
Crowdcube
Seedrs
天使汇
众筹之家
人人投

商品型众筹
Kickstarter
IndieGoGo
CrowdFunder
众筹网
点名时间
京东

保险

互联网保险
InsWeb
Electric Insurance
众安保险

第三方网络保险销售
InsWeb
Quicken Insurance
Ehealth
阿里巴巴
大童保险
慧择保险

借贷

个人（P2P）
Kiva
Zopa
Prosper
Lending Club
拍拍贷
陆金所
红岭创投
人人贷

企业（网络小贷）
OnDeck
Biz2Credit
Funding Circle
Market Invoice
阿里金融
京东金融
苏宁金融
百度金融

理财

理财工具
Personal Capital
Mint
SigFig
Wecash
融360
挖财
存折网
乐投宝

理财产品销售
SecondMarket
Merrill Lynch
嘉信理财
乐天电商
91金融
东方财富
数米基金
好买网

用户

| 消费型用户 | 借款用户 | 放款用户 | 投资用户 | 融资用户 |

互联网金融价值链

基础设施与服务

金融基础设施

传统清算
2014年,我国网上支付跨行清算系统处理业务金额为17.79万亿元,同比增长87.66%

征信
2012年底,美国有征信公司259家,年收入71.6亿美元;2013年底,中国各类征信公司150多家,市场规模20多亿元

第三方担保
我国P2P第三方担保费率约为10%左右

技术基础设施

通信基础设施
2014年中国移动基础设施市场达到111亿美元,较2013年上涨51%

移动终端
2014年全球智能手机出货量12.86亿部,平板出货量为2.34亿台;中国智能手机出货量4.5亿部,平板出货量6850万台

服务器
2014年全球服务器出货量同比增长2.2%,收入增长0.8%

数据库
2013年ORACLE实现收入372亿美元,其中数据库业务占全球市场的47.4%

软件系统
2014年金证股份营业收入23.68亿元,同比增长16.6%

服务平台

互联网金融服务平台

移动支付
2013年全球移动支付总额为1.45万亿美元;2014年中国处理移动支付业务153.3亿笔,金额达8.24万亿元,同比分别增长305.9%和592.4%

融资
- 股权型众筹
- 商品型众筹

2014年,全球众筹金额为162亿美元,同比增长167%
2014年,中国众筹平台数量达128家,全行业成交额为15亿元

保险
- 互联网保险
- 第三方网络保险销售

2014年底,中国保险行业经营互联网保险业务的保险公司达为85家,2014年新增26家
2014年,互联网保险实现保费收入858.9亿元,同比增长195%;互联网渠道业务占总保费收入的比例达到4.2%

借贷

个人(P2P)
2014年,中国P2P平台数量达1942家,全行业成交额达3058.2亿元

企业(网络小贷)
2013年中国网络小贷累计贷款规模为2300亿元。2014年年中,阿里小贷累计放贷超2000亿,服务企业80万家,阿里小贷自身融资成本8%,对外贷款利息12%~18%

理财

理财工具
2014年底,挖财累计海内外用户突破1个亿。2015年4月底,挖财理财超市的销售规模已经近200亿元

理财产品销售
2014年底,中国"宝宝类"理财产品79只,规模为1.5万亿

用户（互联网金融产业）

消费型用户 | 借款用户 | 放款用户 | 投资用户 | 融资用户

全球互联网金融产业发展综述

互联网金融是传统金融机构与互联网企业利用互联网技术和信息通信技术实现资金融通、支付、投资和信息中介服务的新型金融业务模式，具有便捷、高效、开放、低成本等优势。

全球互联网金融快速发展，移动支付、P2P借贷和众筹等新兴金融服务模成为全球互联网金融创新和发展的焦点。2013年，全球移动支付用户超过2.45亿人，同比增长22%，规模达到1.45万亿元，同比增长45%；美国、英国和中国是全球P2P借贷的主要国家，2014年规模分别为65.5亿美元、10亿英镑和2528亿元，分别较上年增长170%、67%和139%。据调研机构Massolution统计，2014年全球众筹市场规模达到162亿美元，同比增长167%。其中北美地区规模最大，为94.6亿美元，同比增长145%；亚洲市场增长最快，增长320%，达到32亿美元。

互联网金融创新和投资较为活跃。2014年全球市场投资数量543起，较上年增长54%；披露交易额近100亿美元，较上年增长2倍；中国市场投资数量118起，披露交易额9.9亿美元，较上年分别增长1.6倍、4.3倍。2014年12月12日，全球最大的P2P网贷平台Lending Club成功登陆纽交所，在美国纳斯达克上市。

在互联网技术和电子商务高速发展的推动下，特别是移动支付、云计算、大数据、社交网络和搜索引擎等技术与手段有力地促进了金融与互联网加速渗透和融合，构建起一个丰富的金融生态体系。在新的竞争格局下，网络技术、信息技术和数据处理技术成为互联网金融机构的竞争基础。

全球互联网金融监管仍处于边摸索边发展阶段，尚未形成系统的监管制度体系。着眼于互联网金融快速发展的趋势以及业务风险特征，美国和英国等互联网金融发展较早的国家总体采取谨慎宽松的监管态度，不断完善对互联网金融的监管。美国2012年4月发布了《促进初创企业融资法案》（即JOBS法案），为中小企业特别是初创企业提供融资环境，确立了股权型众筹的合法性，并对相关活动监管进行了规定。英国2014年3月发布了《关于网络众筹和通过其他方式发行不易变现证券的监管规则》，针对P2P和众筹等互联网金融活动制定了规范性要求，是全球互联网金融平台监管的第一部较为规范的法规。

全球互联网金融领导服务商地理分布

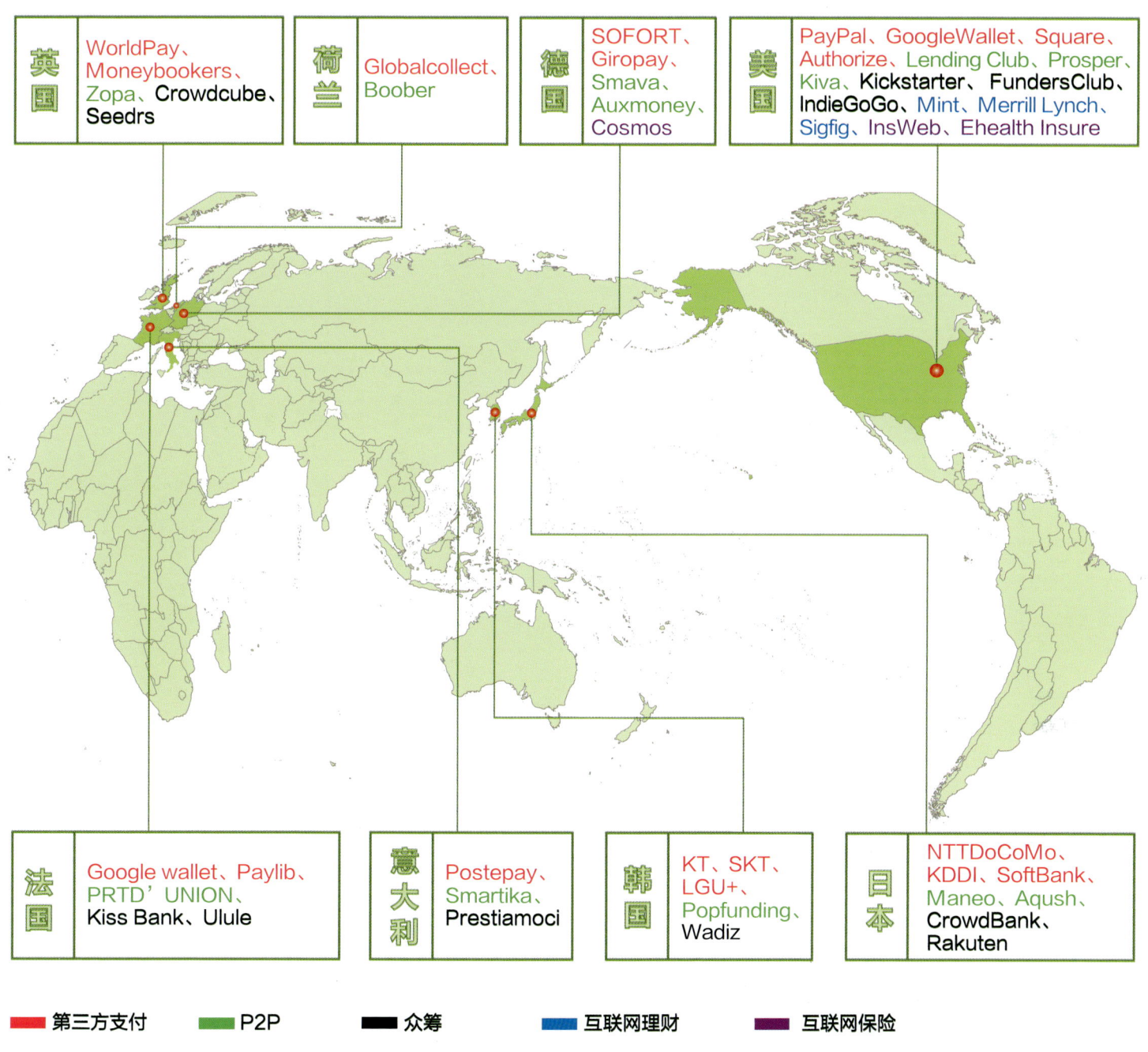

全球互联网金融产业领导服务商主要产品

服务商名称	国家	服务类别					
		第三方支付	P2P	众筹	网络小贷	互联网理财	互联网保险
PayPal	美国	●				●	
Squre	美国	●					
Lending Club	美国		●				
Prosper	美国		●				
Kickstarter	美国			●			
On Deck	美国				●		
Ehealth	美国						●
InsWeb	美国						●
Electric Insurance	美国						●
Moneybookers	英国	●					
Zopa	英国		●				
Seedrs Limited	英国			●			
SOFORT	德国	●					
Giropay	德国	●					
Smava	德国		●				
Auxmoney	德国		●				
SoftBank	日本	●					

全球互联网金融产业领导服务商经营模式

众筹				
	国家	股权型众筹	商品型众筹	公益型众筹
Kickstarter	美国		●	
Indiegogo	美国		●	
Crowdrise	美国			●
Crowdcube	英国	●		
Seedrs	英国	●		
CrowdFunder	英国		●	
AngelList	美国	●		
Fundersclub	美国	●		
Rockethub	美国		●	

P2P										
		借贷信息	信用审核与评级	利率确定	资产证券化	贷款组合工具	债权转让	逾期贷款追偿	担保	盈利模式
Prosper	美国	●	●	●	●	●	●	●	无	借款人融资费，出借人服务费
Lending Club	美国	●	●	●	●	●	●	●	无	筹款管理费
Zopa	英国	●	第三方机构	●	无	无	无	●	自建安全保护基金	借款人手续费，投资人管理费
Kiva	美国	●	●	无偿	无	无	无	无	无	公益性

全球互联网金融产业领导服务商动向

厂商名称	国家	主要动向
PayPal	美国	1998 年成立，是覆盖全球的数字支付和移动支付提供商，也是全球最大的互联网支付企业之一。2013 年移动支付处理量为 270 亿美元，占美国全部数字支付金额的 80% 左右。2015 年 7 月从母公司 eBay 分析为一家独立上市公司。
Lending Club	美国	2007 年 5 月成立的 P2P 企业，2012 年 11 月宣布实现盈利，2013 年上半年获得来自 Foundation 和谷歌 1.25 亿美元的融资，2014 年上半年企业贷款业务上线。2014 年 12 月在美国纳斯达克上市，成为全球首个上市的 P2P 平台。2012 年到 2014 年，每年贷款总量分别为 7.18 亿美元，20.6 亿美元和 44 亿美元，年均增长率超过 100%，占美国 P2P 借贷市场 75% 左右的市场份额，是全球最大的 P2P 网贷机构。
Prosper	美国	成立于 2005 年，是美国第一家盈利性的 P2P 网络借贷平台，美国第二大 P2P 网络借贷平台，在全美拥有 200 万用户，累计信贷规模约为 6.9 亿美元。自 2009 年以来，该平台收入和放款额的年增长率约为 100%，2013 年总贷款额为 3.6 亿美元。
Zopa	英国	2005 年 3 月成立，是世界第一家 P2P 平台，也是目前英国最大的 P2P 平台，最大特点是投资者的回报率与借款者的借款利率都由 Zopa 决定。2014 年 Zopa 平台的贷款额度达到 2.5 亿英镑。
Crowdcube	英国	2011 年 2 月正式上线，是全球最早成立的股权众筹平台。截至 2014 年 6 月，Crowdcube 已经为 126 个初创企业（项目）融资 2771 万英镑。
Kickstarter	美国	成立于 2009 年，2014 年有 330 万人参与众筹，共 22252 个项目通过平台筹得 5.29 亿美元资金。
InsWeb	美国	1995 年 2 月成立，是全球最大的保险超市网站之一，为消费者提供多家保险公司的车险、寿险、住宅保险、健康保险等产品的报价，以销售保险产品获取佣金为主要收入来源，同时为代理人提供消费者的个人信息和投保意向，并向代理人收取费用。2011 被 Bankrate 收购，2012 年收购保险服务网站 Insurance Agents。

全球互联网金融产业主要市场分布

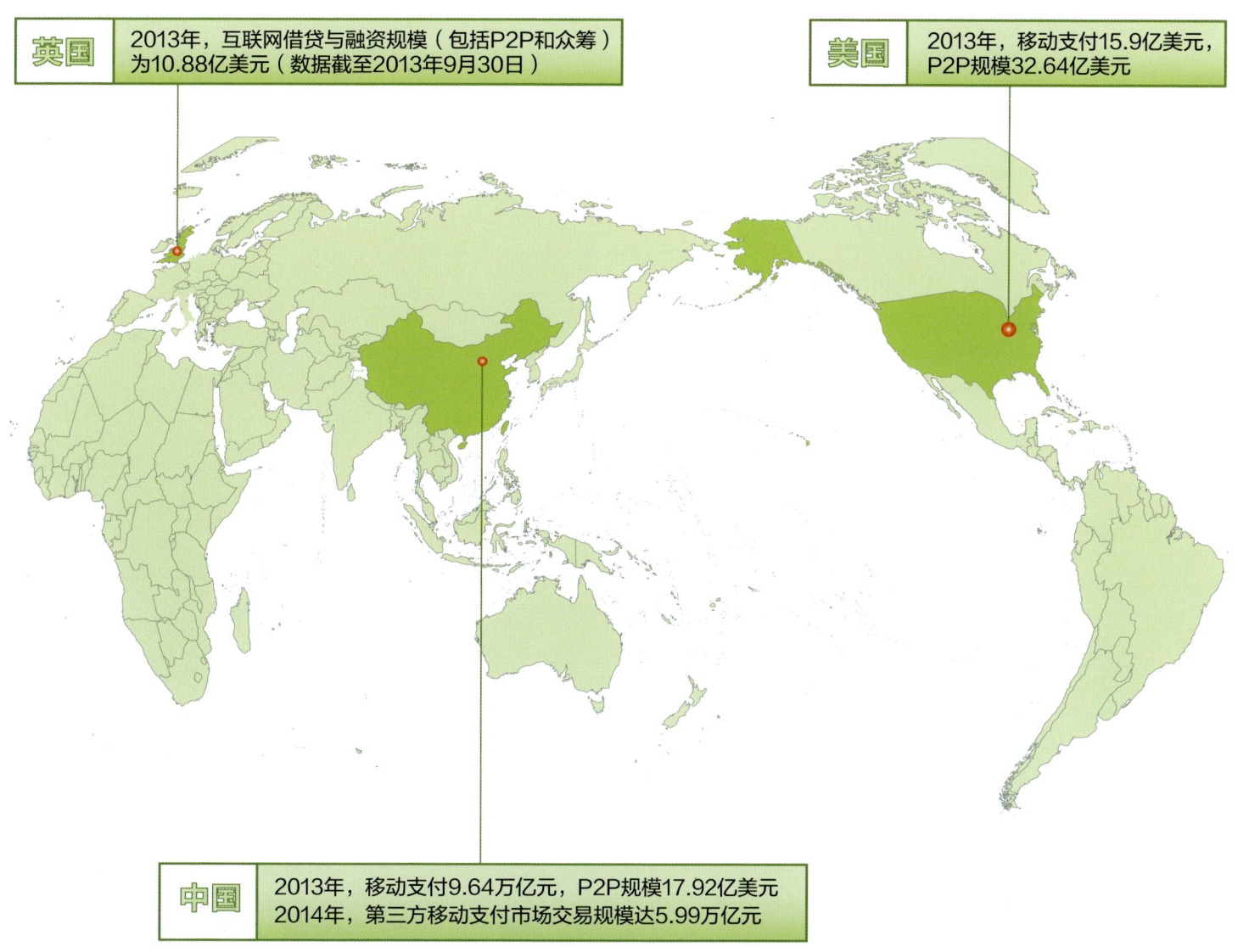

资料来源：国际证临界会组织（IOSCO）报告：《Crowd-funding: An Infant Industry Growing Fast》.ISCO Research Department。

主要国家互联网金融产业监管政策

国家		主要内容	文件名称
美国	第三方支付	第三方支付企业认定为"货币服务机构",不需要申请并取得一般银行业务许可证,以发放牌照的方式进行管理和规范;平台滞留资金为负债,受美国联邦存款保险公司监管;需要在美国财政部的金融犯罪执行网络FinCEN上注册;受联邦政府和州政府两级监管。	《金融服务现代化法案》(1999年11月)
	P2P	P2P平台必须在证券交易委员会注册登记并定期披露贷款发放、收益权凭证发行和出售的具体信息,各州证券监管机构实施地域准入监管。	《证券法》(1993年修定)
		美国联邦贸易委员会监管P2P平台及第三方债务催收机构的不公正甚至欺诈行为。	《联邦贸易委员会法》(1914年)《公正债务催收法案》(1999年11月)
		联邦存款保险公司监管P2P平台及其合作银行,保护消费者个人信息安全。	《金融服务现代化法案》(1999年11月)
		消费者金融保护局监管P2P网络借贷市场,受理金融消费投诉,保护金融消费者权益。	《多德—弗兰克法案》(2010年6月)
	众筹	众筹平台需通过美国证券交易委员会认证;小额公开发行免除注册的筹资额度上限从500万美元提高到5000万美元;允许小企业在众筹融资平台上进行金融股权融资,不再局限于实物回报;项目发起人融资规模在12个月内不能超过100万美元;合格投资者必须满足以下要求:年收入少于10万美元的个人累计投资至多为2000美元,年收入超过10万美元的个人可将其收入的10%用于投资。	《促进初创企业融资法案》(2012年4月)
英国	第三方支付	互联网支付机构必须在英国金融行为监管局注册;如电子货币机构的支付服务涉及发行电子货币,需专门就此向英国金融行为监管局备案。	《银行服务法案》(2009年11月)《支付服务条例》(2013年)
	P2P	平台需经英国金融行为监管局认证;对平台做出了最低资本要求;网络借贷平台如果破产,应当继续对已存续的借贷合同继续管理,对贷款管理做出合理安排;如果网络借贷平台没有二级转让市场,投资者可以有14天的冷静期,14天内可以取消投资而不受到任何限制或承担任何违约责任;投资者在向公司投诉无法解决的情况下,可以通过金融申诉专员(FOS)投诉解决纠纷;投资者并不被纳入金融服务补偿计划(FSCS)范围,不能享受类似存款保险的保障。	《关于网络众筹和通过其他方式发行不易变现证券的监管规则》(2014年3月)
	众筹	平台需经英国金融行为监管局认证;对投资型众筹做出相关规定:投资人年收入超过10万英镑或净资产超过25万英镑(不含常住房产、养老保险金);或者是经过FCA授权机构认证的成熟投资者;非成熟投资者(投资众筹项目2个以下的投资人),其投资额不得超过其净资产(不含常住房产、养老保险金)的10%,成熟投资者不受此限制;众筹平台需要对项目提供简单的说明,但是如果说明构成投资建议,如星级评价,每周最佳投资等,则需要再向FCA申请投资咨询机构的授权。	

中国互联网金融产业发展综述

互联网金融凭借融资渠道宽、资金配置效率高、交易成本低等优势，在中国呈现加速发展态势，产业规模快速增长，到 2014 年突破 10 万亿，成为全球互联网金融规模最大的国家。

随着中国电子商务环境的不断优化，网民向移动端迁移和支付场景不断丰富，2014 年处理移动支付业务 153.3 亿笔，金额为 8.24 万亿元，同比分别增长 305% 和 592.4%，其中第三方移动支付市场交易规模达 5.99 万亿元，同比上涨 391.3%，支付宝、财付通两家企业占据了 93.4% 的市场份额。

以 P2P 借贷、众筹和网络小贷为代表的互联网借贷和融资服务持续较快增长。到 2014 年底，全国范围正常运行的 P2P 平台 1942 家，全年总成交额为 3058.2 亿元；众筹平台 128 家，募资总额为 15 亿元；阿里巴巴、京东、苏宁、百度等都设立小贷公司，为电子商务平台客户提供小额信用贷款。

互联网金融理财凭借准入门槛低、收益率高和流动性强等优势，市场规模快速增长。截至 2014 年底，购买过互联网理财产品的网民规模达到 7849 万，"余额宝"等宝宝类理财产品数量达到 79 个，规模超 1.5 万亿元。

互联网保险成为保险服务的重要渠道。2014 年，中国经营互联网保险业务的公司达到 85 家，较上年增长 26 家，保费规模达到 858.9 亿元，同比增长 195%；通过第三方网络交易平台，如淘宝保险、网易保险等销售的保险，已占互联网保险保费总额的七成以上。

互联网金融领域投资活跃。2013 年中国互联网金融投资事件 46 起，投资交易额 32 亿美元，分别占全球金融行业投资事件总数和投资交易总额的 88.5% 和 22.4%。

中国互联网金融发展机遇与风险并存。在中国信用机制不完善和利率市场化水平较低的环境下，互联网金融存在较大的创新和发展空间，同时也伴随着较大的法律、市场和社会风险。2013 年之后，中国开始加强对互联网金融行业的引导和监管，在第三方支付、P2P、股权众筹和互联网保险等多个领域出台了相关政策，规范行业发展。2015 年 7 月，《关于促进互联网金融健康发展的指导意见》发布，在中央层面构建了互联网金融的监管框架。互联网金融产业得到地方政府的支持，北京、上海和深圳等地出台了相关政策扶植当地互联网金融发展。

中国互联网金融产业领导服务商地理分布

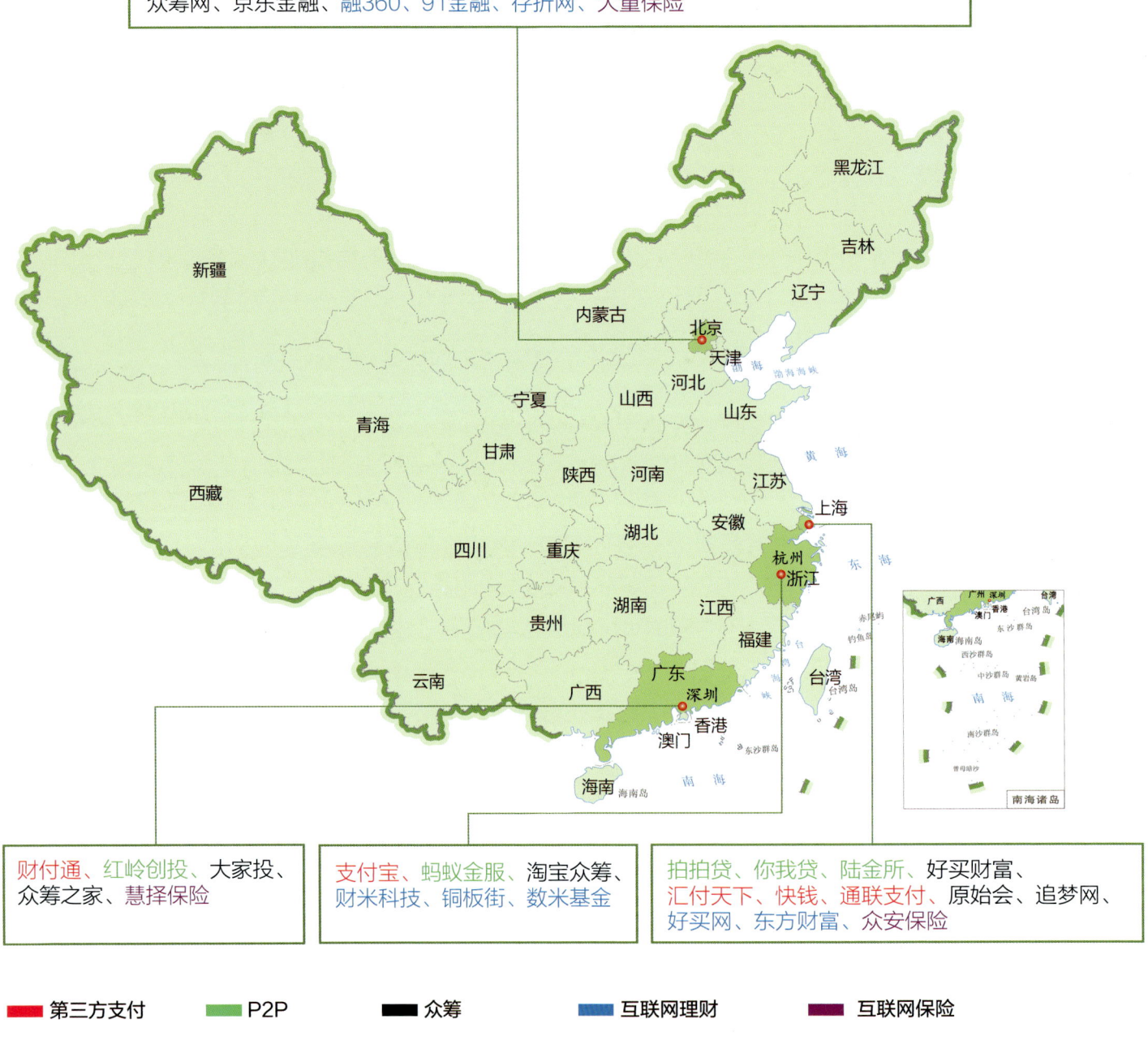

中国互联网金融产业领导服务商主要产品

服务商名称	所在地	服务类别					
		第三方支付	P2P	众筹	电商小贷	互联网理财	互联网保险
蚂蚁金服	杭州	●		●	●	●	●
支付宝	杭州	●					
财付通	深圳	●				●	●
易宝支付	北京	●					
银联商务	上海	●					
拍拍贷	上海		●				
宜信	北京		●				
人人贷	北京		●				
红岭创投	深圳		●	●		●	●
天使汇	北京			●			
众筹网	北京			●			
淘梦网络	北京			●			
淘宝众筹	杭州			●			
苏宁金融	南京			●	●	●	●
京东金融	上海			●	●	●	●
腾讯理财通）	深圳					●	●
百度金融	北京			●	●	●	
众安在线	上海						●

中国互联网金融产业领导服务商经营模式

第三方支付								
类型	所在地	货币汇兑	互联网支付	移动电话支付	固定电话支付	预付卡发行	预付卡受理	银行卡收单
支付宝	杭州	●	●	●		仅限于线上实名支付账户充值	仅限于线上实名支付账户充值	●
银联商务	上海		●				●	●
快钱支付	上海	●	●	●	●		●	●
财付通	深圳		●	●	●			
拉卡拉	北京		●					●

P2P									
类型	所在地	信息披露	信用审核与评级	利率确定	贷款组合工具	债权转让	逾期贷款追偿	担保	盈利模式
拍拍贷	上海	●	●	固定利率	无	无	●	无	借款人服务费，逾期催收费
陆金所	上海	●	平安融资担保审核	固定利率	无	●	●	平安融资担保	借贷双方管理服务费和交易手续费
人人贷	北京	●	●	固定利率	无	●	●	风险金	服务费

中国互联网金融产业领导服务商经营模式（续）

众筹			
类型	股权型众筹	商品型众筹	公益众筹
众筹网	●	●	●
苏宁		●	●
阿里巴巴		●	
天使汇	●		
大家投	●		
京东		●	●
新公益			●

理财工具							
类型	所在地	贷款产品搜索	贷款产品购买入口	理财产品搜索	理财产品购买入口	理财产品购买	个人工具
好贷网	北京	●	●				
融360	北京	●	●	●	●		
财迷科技（挖财）	杭州			●	●	与数米基金合作	●
乐投宝	北京		●	●	●	●	●

理财产品（基金销售）							
平台企业	所在地	产品名称	合作基金	网上购物	充值缴费	转账	信用卡还款
苏宁易付宝	杭州	零钱宝	广发天天红	●	●	●	
支付宝	上海	余额宝	天弘增利宝		●		
京东	北京	小金库	鹏华增值宝、嘉实活钱包	●	●	●	●
腾讯	深圳	理财通	华夏财富宝		●	●	●
百度	北京	百赚	华夏现金增利货币				

中国互联网金融产业领导服务商动向

厂商名称	最新动向
众安保险	2013年11月，阿里巴巴、中国平安和腾讯等共同出资10亿元设立的中国首家互联网保险公司，完全通过互联网进行保险产品销售和理赔。截至2015年底，累计服务客户数超过3.69亿，累计服务保单件数超过36.3亿。
蚂蚁金服	2014年10月成立，是国内最大的互联网金融综合服务集团，主要业务包括第三方支付、移动支付、O2O、小额贷款、网络银行、在线融资、在线理财、保险等领域，下设支付宝、支付宝钱包、余额宝、招财宝、蚂蚁小贷和网商银行等企业。支付宝是中国最大的第三方支付平台，也是全球最大的移动支付公司，2014财年（截至2015年3月31日），总支付金额达到3.87万亿元，日均支付超过百亿元，占中国市场的约70%。
阿里小贷	为电商平台的小微企业、个人创业者提供融资服务。截至2014年上半年，累计发放贷款额超过2000亿元，服务小微企业达80多万家，贷款人平均占款周期为123天，贷款年化利率为6%~7%。贷款不良率为0.87%，低于我国银行业0.96%的平均水平。
财付通	腾讯公司旗下的在线支付平台，占据中国近20%第三方支付市场。
红岭创投	2009年9月成立的P2P平台，2014年平台成交总额147.74亿元，是2013年的7.6倍；2014年新增投资人6.85万，是2013年的7.3倍；2014年借款人共计7921人，是2013年的3.3倍。截至2015年11月底，累计成交达到1000亿元，投资者累计获得收益23亿元。
陆金所	2011年6月成立的P2P平台，目前已经建成集P2P、互联网理财、基金、保险等服务为一体的互联网金融综合开放服务平台。在P2P业务方面，获得2014年首批优秀P2P平台综合评定最高级别"AAA"级，2014年注册用户超过500万，整体交易量较上年同期增长7倍。其中，无抵押P2P交易量较上年增长4倍；有抵押P2P放款金额较上年增长9倍，平均放款时效缩短至1.7天。2015年与前海征信合作开发集获客、增信、产品设计、征信、系统平台、催收等服务于一体的P2P开放平台。
拍拍贷	2007年成立的中国第一家P2P网络借贷平台，2012年9月，获红杉资本千万美元首轮风险投资；2014年4月获得光速安振中国创业投资、红杉资本及诺亚财富B轮投资；2015年4月，获君联资本和海纳亚洲联合领投的C轮投资。截至2014年底，平台注册用户超过600万，累计成功借款笔数超过260万笔，累计成功投资笔数超过1200万笔。
京东众筹	2014年7月在京东金融平台上线，以产品众筹为主要业务。截至2015年底，累计筹集金额约14亿元。
天使汇	2011年11月成立的股权众筹融资平台，为投资者和创业者提供在线融资对接服务，至2014年12月底，其平台上挂牌的300多个创业项目完成融资，融资总额逾30亿元。平台上注册的创业者超过10万人，认证投资人达2000余位。
融360	2011年10月成立的信贷垂直搜索平台，主要为个人消费者和小微企业提供贷款、信用卡和理财等金融产品的检索、推荐和申请服务。2013年8月，获得红杉资本领投的B轮3000万美元融资。2014年7月获得兰亭投资领投的C轮融资，至此三轮投资总额超过1亿美元。2014年11月宣布线上线下融合发展战略，在全国开设贷款便利店。
挖财	2009年在国内最早推出个人记账理财工具，现已发展成为涵盖记账、管钱、理财、信贷、社区等全方位资产服务的移动互联网金融服务平台。2014年底，累计用户超过1亿人，2015年上半年销售额超过200亿元，截至2015年底已经获得3轮累计1.6亿美元融资。
好买财富	一站式投资顾问及产品导购平台，覆盖了固定收益类信托、公募基金、阳光私募基金、私募股权基金以及FOF/TOT等数千种理财产品。2014年营业收入8734.63万元，2015年11月登陆新三板挂牌交易。

中国互联网金融产业研究机构地理分布

中国互联网金融产业主要政策

政策分类	主要内容	文件名称
监管机构	互联网支付由人民银行负责监管，网络借贷、互联网信托、互联网消费金融由银监会负责监管，股权众筹融资和互联网基金销售业务由证监会负责监管，互联网保险由保监会负责监管。	《关于促进互联网金融健康发展的指导意见》（2015年7月）
准入	非金融机构提供支付服务应取得《支付业务许可证》，有效期5年；在全国范围内从事支付业务，注册资本最低为1亿元；省（自治区、直辖市）范围内从事支付业务，注册资本最低为3千万。	《非金融机构支付服务管理办法》（2010年6月）
准入	网络借贷信息中介机构向工商登记注册地地方金融监管部门备案登记。	《网络借贷信息中介机构业务活动管理暂行办法（征求意见稿）》（2015年12月）
准入	股权众筹平台净资产不低于500万元人民币；具有3年以上金融或者信息技术行业从业经历的高级管理人员不少于2人等。股权众筹平台应当在设立后5个工作日内向证券业协会申请备案。	《私募股权众筹融资管理办法（试行）（征求意见稿）》（2014年12月）
准入	互联网保险业务应由保险机构总公司建立统一集中的业务平台和处理流程，实行集中运营、统一管理。保险公司和保险专业中介机构外的其他机构或个人不得经营互联网保险业务。	《互联网保险业务监管暂行办法》（2015年7月）
资金管理	从业机构应选择符合条件的银行业金融机构作为资金存管机构，对客户资金进行管理和监管。	《关于促进互联网金融健康发展的指导意见》（2015年7月）
资金管理	支付机构的实缴货币资本与客户备付金日均余额的比例不得低于10%。	《非金融机构支付服务管理办法》（2010年6月）
资金管理	支付机构应对转账转入资金进行单独管理，转入资金只能用于消费和转账转出，不得向银行账户回提。对个人账户转账和消费的单笔和累计限额做出规定。	《支付机构网络支付业务管理办法（征求意见稿）》（2014年3月）
资金管理	不得设立资金池。实行中介机构自身资金与出借人和借款人资金隔离管理。	《网络借贷信息中介机构业务活动管理暂行办法（征求意见稿）》（2015年12月）

中国互联网金融产业主要政策（续）

政策分类	主要内容	文件名称
客户管理	手机支付业务实施客户实名制。	《中国人民银行关于手机支付业务发展的指导意见》（2014年3月）
	融资者和投资者应当为股权众筹平台核实的实名注册用户。融资者应当为中小微企业或其发起人，投资者为单个融资项目的最低金额不低于100万元人民币的单位，或净资产不低于1000万元人民币的单位，或金融资产不低于300万元人民币或最近三年个人年均收入不低于50万元人民币的个人。	《私募股权众筹融资管理办法（试行）（征求意见稿）》（2014年12月）
	网络借贷的出借人与借款人应当为网络借贷信息中介机构核实的实名注册用户。	《网络借贷信息中介机构业务活动管理暂行办法（征求意见稿）》（2015年12月）
	客户银行账户与第三方支付机构首次建立业务关联时，须通过第三方支付机构和商业银行的双重身份鉴别；账户所在银行应通过物理网点、电子渠道或其他有效方式直接验证客户身份。	《关于加强商业银行与第三方支付机构合作业务管理的通知》（2014年4月）
税收	符合中小企业特别是小微企业税收政策条件的，可按规定享受税收优惠政策。结合金融业营业税改征增值税改革，统筹完善互联网金融税收政策。落实从业机构新技术、新产品研发费用税前加计扣除政策。	《关于促进互联网金融健康发展的指导意见》（2015年7月）

中国地方政府互联网金融产业主要政策

政策分类	深圳《深圳市人民政府关于支持互联网金融创新发展的指导意见》（2014年2月）	北京海淀区《关于促进互联网金融创新发展的意见》（2013年10月）
注册登记	允许互联网金融企业在工商登记企业名称和经营范围中，使用"互联网金融服务"字样。	注册企业名称中使用"金融信息服务"字样或经营范围中使用"基于互联网的金融信息服务、撮合交易"等字样。
企业落户	对新设立或新迁入的，在深圳缴纳的企业所得税年度达到500万元以上（含）后，一次性奖励200万元。对大型互联网企业在深圳新设立或新迁入的互联网金融企业，按照注册资本额度给予一次性奖励。对市政府希望重点引进的上述金融机构总部可单项申请、适度提高奖励额度。	对海淀互联网金融产业发展的带动作用强、区域贡献大的企业给予一定的资金奖励，额度不超过其自注册或迁入年度起三年内区级财政贡献的50%。对转型的金融机构设立电商机构、实体化互联网金融研发中心参照金融机构予以支持。对海淀区认定的总部型互联网金融企业，按照海淀区发展总部经济的有关政策予以支持。
房屋补贴	对新设立或新迁入的，按购房房价给予3%的补贴；或连续3年按房屋租金市场指导价的30%给予租房补贴。对大型互联网企业在深圳新设立或新迁入的互联网金融企业，按购房房价给予5%的补贴。或连续5年给予租房补贴，其中前3年内每年按房屋租金市场指导价的30%给予补贴，后2年按房屋租金市场指导价的15%给予补贴。	对2013年之后（含2013年）新设立或新迁入海淀区，参照金融机构享受相关的购房补贴和三年租房价格补贴。入驻海淀区科技金融重点楼宇的互联网金融企业，给予三年的房租价格补贴，第一年50%、第二年50%、第三年30%。
创新支持	重大科技研发和商业模式创新的互联网金融项目，可申报互联网产业发展专项资金。符合深圳市金融创新方向的互联网金融创新产品和业务模式，可申报市金融创新奖。	设立互联网金融产业投资引导基金，纳入海淀区创业投资引导基金统一管理。
人才政策	互联网金融企业的高级管理人员和高级技术人才，符合深圳高层次人才认定条件的，可享受深圳关于人才引进、子女教育、医疗保障等方面的相关扶持政策。	对相关互联网金融人才的培训费用予以适当的补贴，对相关机构组织开展的培训工作予以奖励。
配套体系	符合条件的互联网金融产业园区，可申报科技型企业孵化器项目资助。	对为互联网金融企业提供低成本办公空间的创新创业服务载体给予房租补贴。对面向互联网金融企业的孵化器给予房租补贴和业务经费补贴。对新认定的创新型孵化器，给予一次性资金支持。
用户支持		对通过互联网金融模式开展中小微企业融资业务的机构给予其风险补贴和业务增量补贴。对通过互联网金融模式获得资金支持且符合区域重点产业发展方向的企业，给予中小微企业贴息支持。
金融支持	创新市科技研发资金的投入方式，通过贷款贴息、科技保险、股权投资等资助方式，引导金融资源和社会资本加大对互联网金融的投入。	对海淀区认定的重点互联网金融企业发生的贷款，给予一定的贴息支持。

移动支付

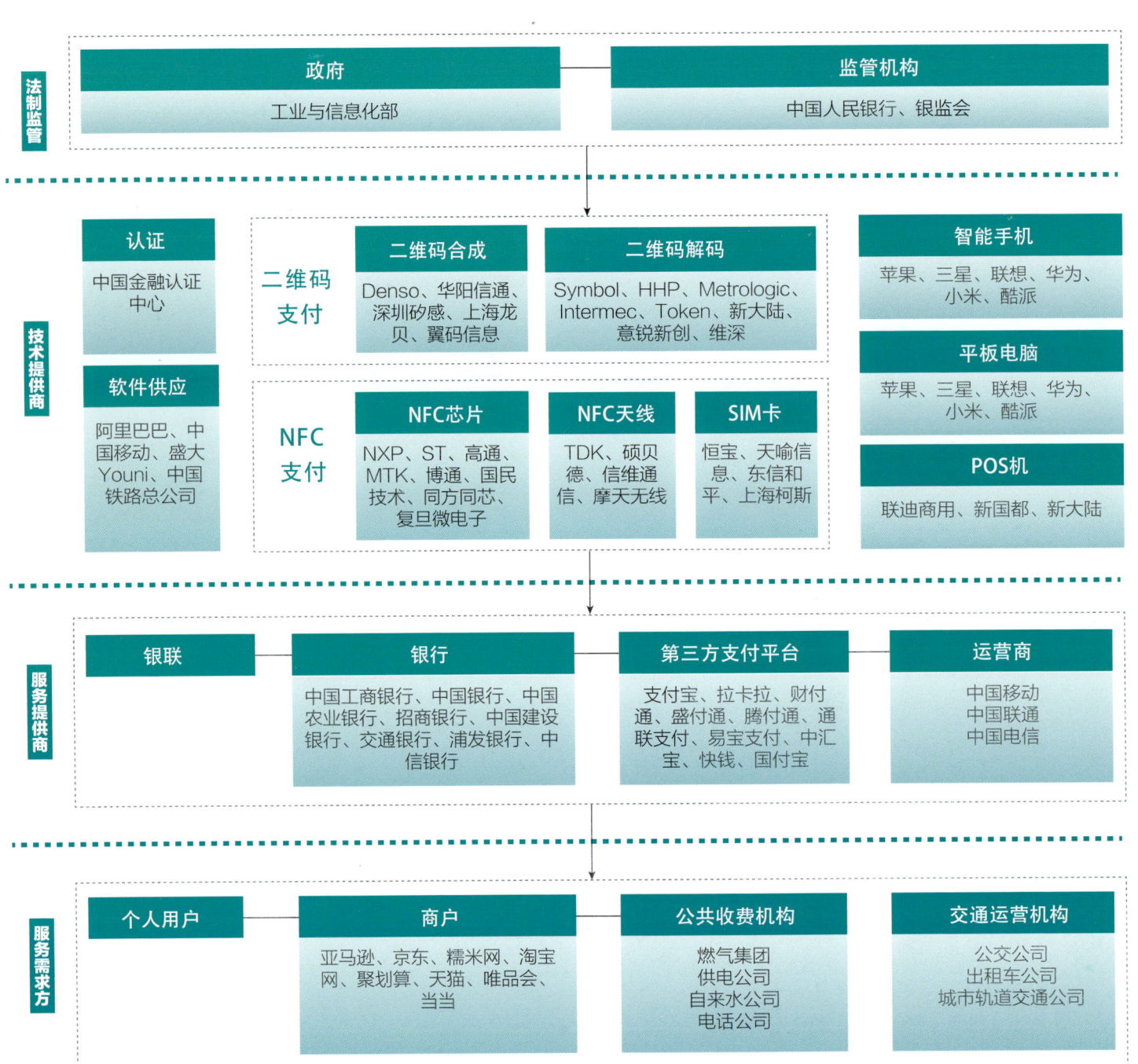

移动支付产业链（按流程划分）

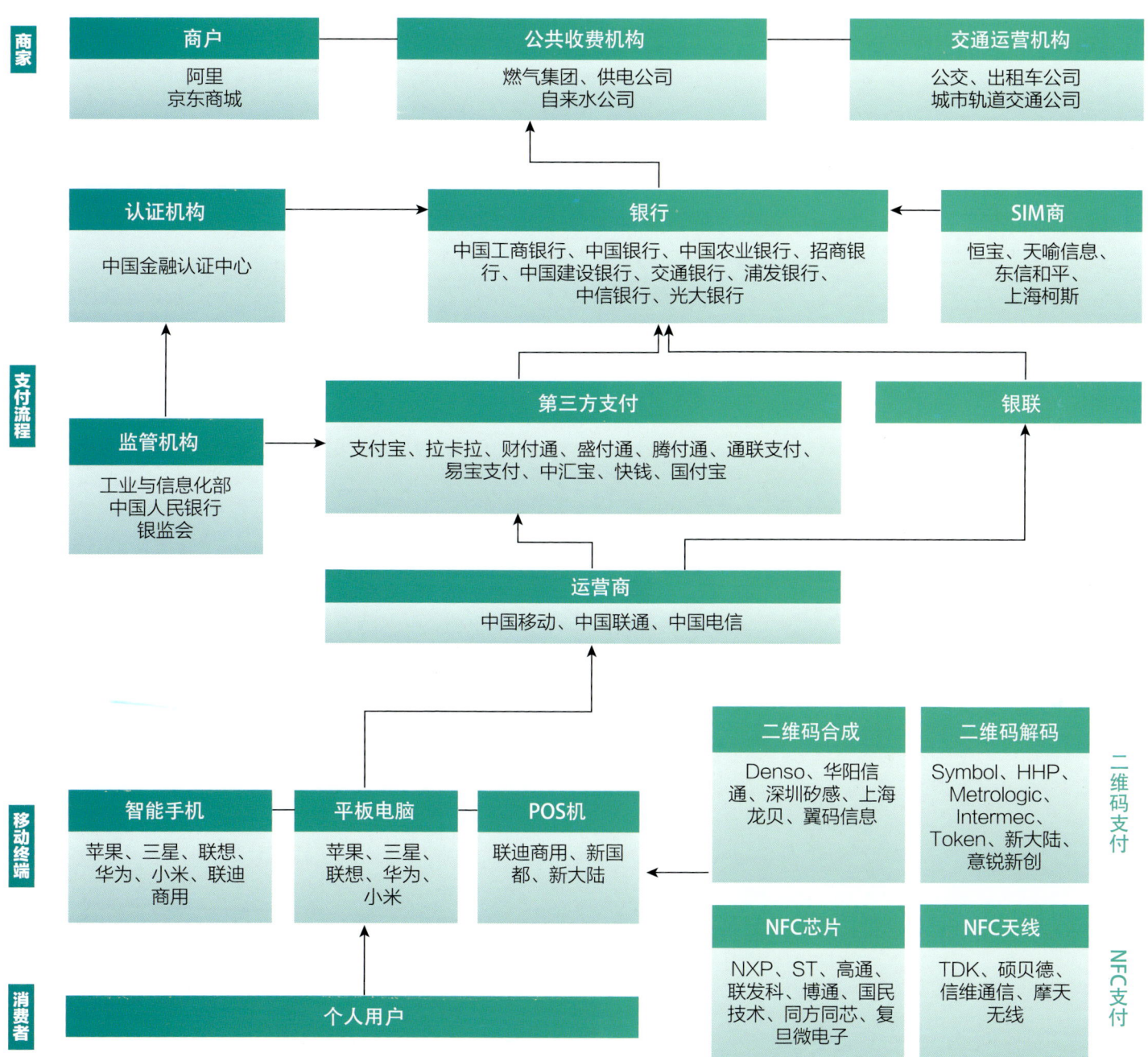

移动支付价值链

技术提供商

- **认证**
- **二维码支付**
  - 二维码合成
  - 二维码解码
  - 二维码在日韩的普及率已高达96%。2014年阿里巴巴、腾讯、银联等加强了对二维码支付的投资和商业应用
- **智能手机**：2014年全球智能手机出货量达11.67亿部，中国智能手机品牌出货量合计4.534亿部，占40%的份额，中国品牌智能市场规模达8161亿元
- **软件供应**
- **NFC支付**
  - NFC芯片
  - NFC天线
  - SIM卡
  - 2013年我国NFC市场规模为18.64亿元，同比增长264%
  - 2016年，我国新增移动支付卡市场规模将达33.7亿元
- **平板电脑**：IDC预计，2015年中国平板电脑市场出货量将达到2934万台
- **POS机**：2013年，中国加入银联网络的POS机数量累计达到715.8万台

服务提供商

- **银行**：2014年全国移动支付业务快速增长，全年完成业务45.24亿笔，金额22.59万亿元，同比分别增长170.25%和134.30%
- **第三方支付平台**：2014年中国第三方移动支付市场交易规模达77.77万亿元，同比上涨近500%。到2014年末支付宝的市场份额上升到82.8%，财付通（含微信支付）的市场份额为10.6%
- **运营商**：2012年，中国移动、中国联通和中国电信三大运营商手机支付交易额近1160亿元。中国移动2014年上半年交易额接近了1亿元，月交易额达到了4000万元以上，用户规模也已达到4000万

服务需求方

- **个人用户**：2014年全年金额22.59万亿元，其中，女性移动支付用户占全部移动支付用户的54.9%，而男性移动支付用户占全部移动支付用户的比例为45.1%
- **商户**：2014年中国电子商务市场交易规模12.3万亿元，同比增长21.3%，2014年中国移动购物市场交易规模为9297.1亿元，占网络购物整体市场的33.0%，移动支付成为网民购物的常态支付手段
- **公共收费机构**：包括公共交通、民用水电等基本公共服务，移动支付规模约2100亿元

资料来源：中国人民银、艾瑞咨询、国际数据公司（IDC）、易观智库

全球移动支付产业发展综述

全球移动支付发展进入"快车道",产业交易规模逐年递增。据中国产业信息网发布的《2014—2019年我国移动支付行业细分深度调研与发展机遇分析报告》,2014年全球移动支付交易值达到3250亿美元,同比增长38%。预计未来几年,全球移动支付市场将维持在40%左右的复合增速持续快跑。

移动支付的业务涵盖了网络购物、公用事业缴费等。移动购物是最主要的移动支付业务,在全球交易量中占比达45%左右。在北美、西欧等发达国家,网络购物业务分别高达90%和77%。而在中东、东欧、亚洲、非洲等发展中国家,公用事业缴费是最主要的业务类型,达60%的业务量。

全球支付基本有短信支付、远程支付以及近场支付三种方式。近年来短信支付发展速度放缓;远程支付技术模式与商业模式日渐成熟,占据较大市场优势,有稳定的利益分配模式,远程支付占美国市场的90%;近场支付发展相对缓慢,技术模式与商业模式多样且不成熟,难以保障各参与方的利益。移动支付商业模式主要有国际卡主导模式、移动运营商主导模式、第三方支付机构主导模式和信息科技企业主导模式。

目前国际市场主流移动支付手段包括:创业公司Square刷卡模式、PayPal推出的PayPalHere、谷歌推出的GoogleWallet(基于NFC技术)、Zipmark(扫描立刻完成支付)等。

以日本和韩国为代表的亚太地区移动支付业务发展较快,市场发育成熟。日本是移动支付业务发展最为成功的国家之一,其移动支付普及率超过美国和欧洲,已具有较成熟的商业模式。2013年日本移动支付交易规模约3.9万亿日元。日本三大运营商NTT DoCoMo、KDDI和软银早在2004年、2005年就推出了移动支付业务,采用的是索尼公司开发的非接触式感应技术——FeliCa,以注资金融机构的方式主导产业链发展。韩国移动支付业务实现方式主要采用的是红外技术,以业务整合建立移动支付体系。欧洲移动支付业务多数采用运营商联合运作的方式。中国移动支付产业快速增长,2014年移动支付业务45.24亿笔,金额22.59万亿元,同比分别增长170.25%和134.3%,移动支付的增速远远超过PC端的网上支付增速。

借助于智能手机的高普及率以及移动电子商务的发展,美国移动支付产业快速增长,尤其是远程支付。2013年PayPal的远程支付年交易额270亿美元,同比增长193%。

全球移动支付产业的技术支持

分类	技术实现方式	优势	劣势
远距离移动	SMS	业务实现简单	安全性差，操作繁琐、交互性差
			响应时间不确定
	IVR	稳定性较高，实时性较好，系统实现相对简单，对用户的移动终端无要求，服务提供商可以很方便地对系统进行升级并不断提供新的服务	服务的操作复杂，耗时较长
			通信费用相对较高，不适用于大额支付
	WAP	面向连接的浏览器方式、交互性强	响应速度较慢、需要终端支持、终端设置较为复杂、支付成本高、不适合频繁小额支付
			需要 WAP 推动网关、需要终端支持
	K-Java/Brew	可移植性强、网络资源消耗与服务器负载较低、界面友好、保密性高	需为不同终端编译不同的版本支持
	USSD	可视操作界面、实时连接、交互速度较快、安全性较高、交易成本低	需要终端支持
			移动运营商的支持有地域差异
近距离移动	红外	成本较低、终端普及率高	传输距离有限、信号具有方向性
		不易被干扰	
	NFC	安全性高、速度快、存储量大	成本高、基础设施投入大
			需要终端支持

全球移动支付产业领导厂商地理分布

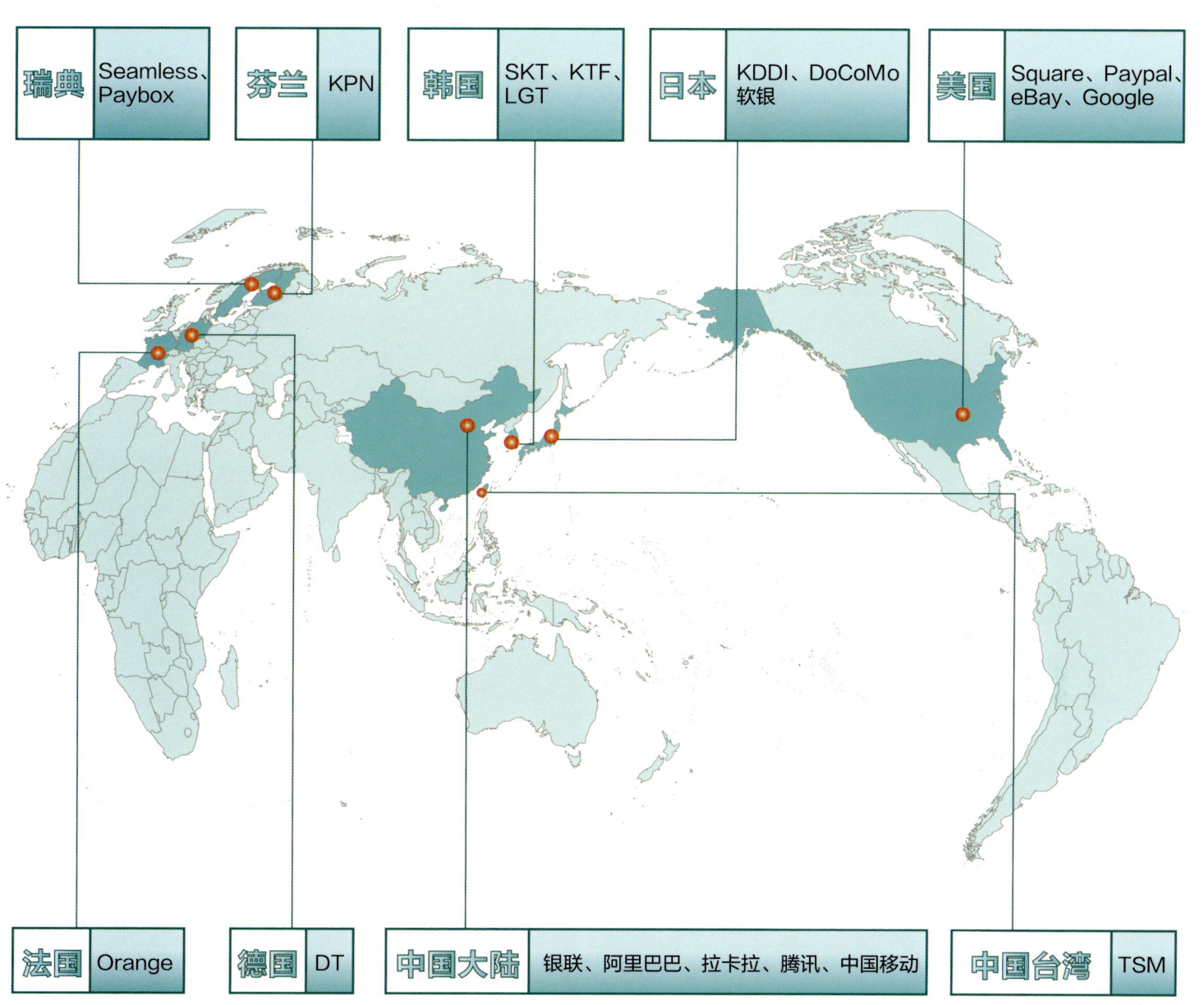

全球移动支付产业领导厂商主要动向

企业名称	国别	主要动向
Square	美国	2013 年，Square 与多家投行展开 IPO（首次公开招股）协商，计预计 2015 年第四季度上市。目前 Square 已与星巴克建立了战略合作关系，并接受星巴克的投资。
Paypal	美国	2013 年，Paypal 与美国发现金融服务公司合作，开始向全美各个零售店提供支付服务。
eBay	美国	截止 2013 年，PayPal 已经支持超过 190 多个国家和地区，注册用户数量超过 2.2 亿。2014 年 2 月，eBay 宣布收购 3D 虚拟试衣公司 PhiSix。
Google	美国	2013 年谷歌正式进入电商行业，推出购物快递服务。谷歌以 10.3 亿美元收购 Waze。
KDDI	日本	2013 年，日本电信运营商 KDDI 向美国金融解决方案供应商 MFIC 注资 2200 万美元，共同开发全球移动支付平台。
NTT DoCoMo	日本	在绝大部分手机中，已运用 Suica 技术实现感应支付功能。2014 年针对无法支持 Suica 感应功能的 Apple iPhone，推出具有 Suica 感应连线功能的手机钱包保护套。
Softbank	日本	和索尼、Docomo 等合作推广手机内嵌 NFC 功能的手机。2013 年，日本软银以 216 亿美元收购 Sprint 公司 78% 的股份，成为全球第三大移动运营商。
SK	韩国	SK 和 Visa 等信用卡机构合作推出的 Moneta 业务，再次细分为 MONETA card（离线交易）、MONETA pass（乘车卡）、MONETA bank（银行信息查询、转账等）、MONETA stock trading（股票交易）、MONETA sign（身份认证）、MONETA bill（在线购物）等。
KTF	韩国	KTF 推出 K-merce 移动支付业务，可以提供移动银行、移动证券、购物支付等服务。K-merce 不但可以通过红外线技术进行支付，也可以通过刷手机支付。
Safaricom	非洲	2014 年，Safaricom 公司已向肯尼亚大约 3000 辆中巴车推出了免费 Wi-Fi 接入服务。
DT	德国	2013 年，德国电信（DT）与电子支付服务商 Wirecard 合作推出手机钱包服务；与谷歌合作建立移动支付平台（包含信用卡公司、银行等）。
Orange	法国	2014 年，Orange 公司在法国斯特拉斯堡和卡昂两市提供商用 NFC 移动支付服务。
KPN	芬兰	KPN、万事达和 ABN Amro、ING 和 Rabobanky 于 2014 年 9 月 2 日在荷兰莱顿市推出移动支付试点，选取 1000 个消费者和 150 个商家共同参与。
Seamless	瑞典	2013 年，Seamless 将 NFC 技术添加到移动支付产品 SEQR 当中，推出拥有 NFC 功能的新版本 SEQR。
Vodafone	英国	2013 年，沃达丰手机钱包业务正式商用。2015 年 Vodafone 与南非移动电话运营商 MTN 拟联合向非洲 7 国推出手机移动支付平台，用于现金收付。
渣打银行	英国	推出一个集社交、地理定位、电子优惠券等多功能的客户端，通过 Android 系统实现"掌上银行"。

全球移动支付产业专利分布

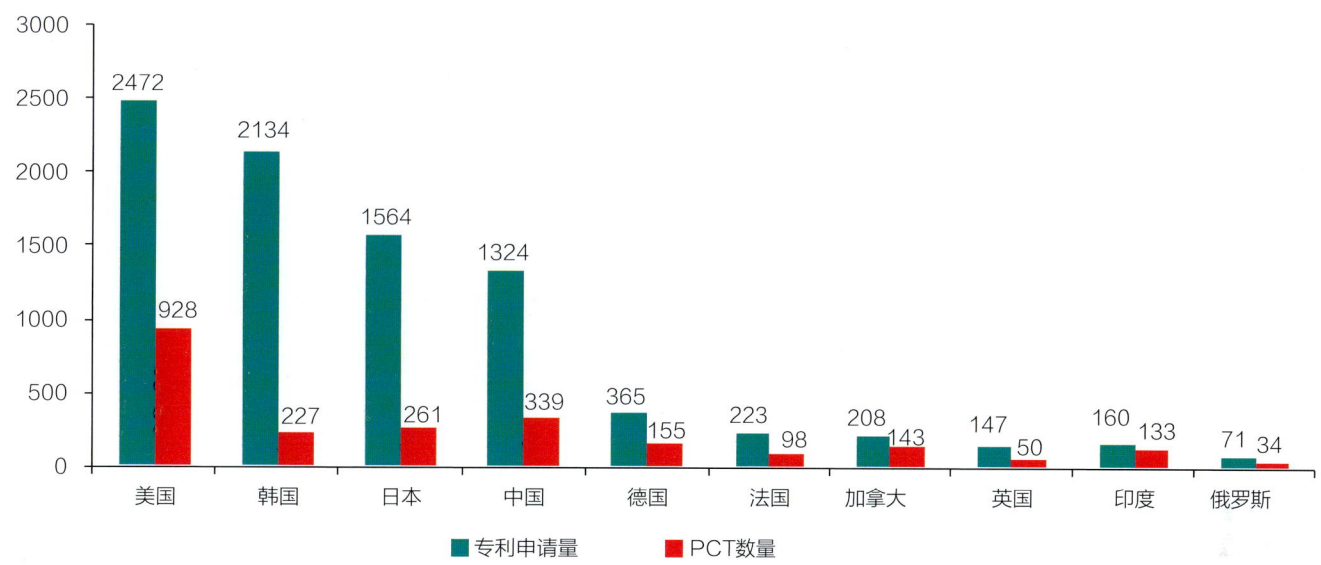

WPI 数据库中不同国家移动支付领域专利申请量及 PCT 数量（单位：件）

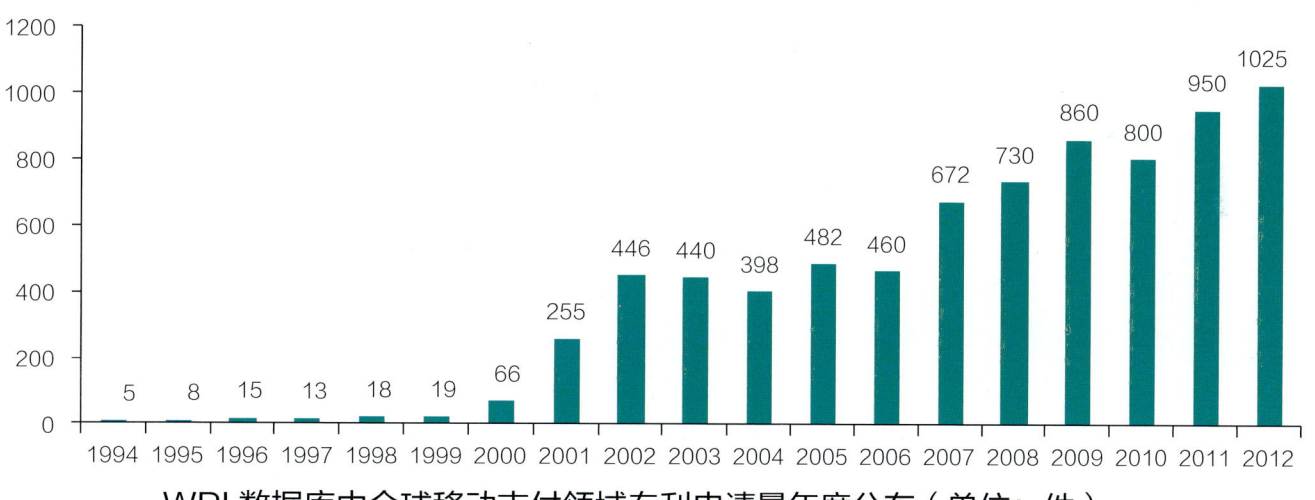

WPI 数据库中全球移动支付领域专利申请量年度分布（单位：件）

资料来源：《中国知识产权报》2013 年 3 月 13 日：WPI 数据库中移动支付领域专利申请分析。

全球移动支付 NFC 技术的专利分布

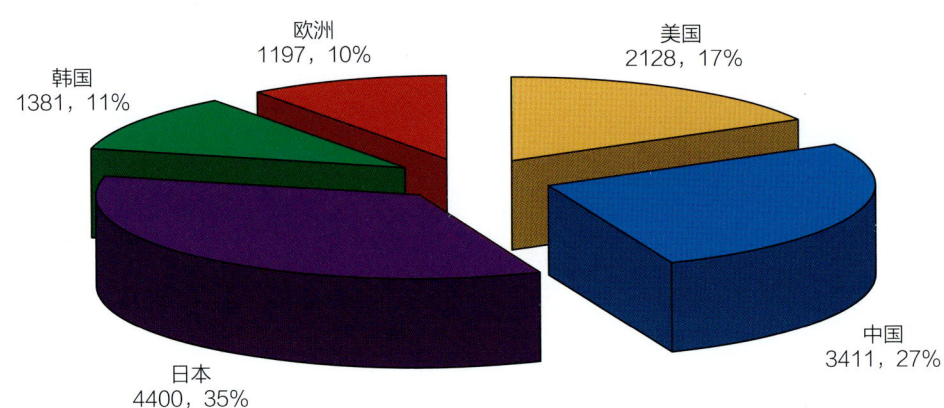

全球移动支付 NFC 技术专利的主要国家分布

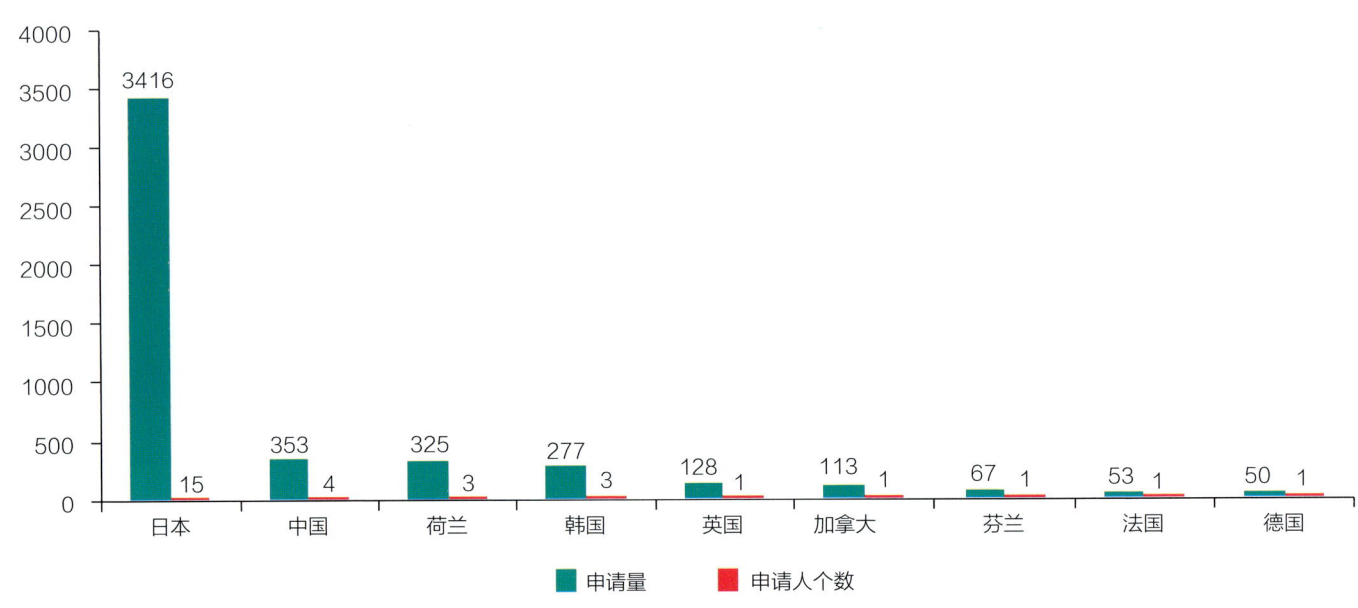

全球前 30 个 NFC 技术专利申请人的国家分布情况（申请量：件）

资料来源：工业和信息化部电子知识产权中心。

主要国家移动支付产业政策方向

国别	政策方向
日本	日本允许移动运营商开展多种模式的移动支付业务,央行侧重于对资金安全的管理。日本允许非金融机构进入金融领域,规定经营金融业务的银行子公司和其所属的非金融母公司之间的相对独立性,并将是否采取措施保护消费者私密信息进行重点审核。日本的信用卡和预付费卡以及移动支付业务均属于经济产业省管辖,允许移动运营商可以把移动支付业务和信用卡、预付费卡业务很好地结合起来。
韩国	对所有从事支付业务的企业都实施强化准入条件的许可证制度并要求其接受金融监管委员会的监管,而且在保障交易安全方面也制定了明确的法律条文。针对直接参与电子商务的公司,出台了《电子商务消费者保护法案》;电子金融交易法案规定所有从事电子金融交易的公司均需获得许可证,接受金融监管委员会的监管等;市场运营商受到电信商业法案的规范。
欧盟	2007 年,欧盟委员会制定《支付服务指令》允许非银行机构提供支付服务,严格限定移动支付的准入门槛,并要求接入支付网络提供支付服务的机构要获得欧盟信用机构牌照, 明确移动支付服务商的监管义务及对用户信息和其他权益的保护。2009 年,《支付服务指令》被欧盟成员国转化为国内法。
美国	美国在适用相关法律监管时更加关注特定的支付业务本身而不是相关资格,金融支付服务还可能受到金融隐私、反洗钱等法律的约束。严格的信用制度,如《消费者信用保护法》规定用户不必为被盗用的信用卡负任何责任。

我国移动支付产业发展综述

随着移动终端的快速发展，多元化的移动支付产业已经形成。我国移动支付产业尚处在发展初期，但增速很快。人民银行发布的 2014 年支付体系运行总体情况显示，2014 年我国发生移动支付业务 45.24 亿笔，金额 22.59 万亿元，同比分别增长 170.25% 和 134.3%；当年我国发生网上支付业务 285.74 亿笔，金额 1376.02 万亿元，同比分别增长 20.70% 和 29.72%。移动支付的增速远远超过 PC 端的网上支付增速。

业务融合发展。各家支付企业多元化布局业务，互联网支付、移动支付、银行卡收单等众多业务迅速发展并相互补充，保险、基金、非税、高校、跨境支付等业务不断增长。国内大中型商业银行陆续推出手机银行、短信银行、手机支付等多种移动金融服务。三大通信运营商在内的 37 家支付机构也取得了移动电话支付业务许可。中国银联联合国内外核心技术企业实现了标准、产品和业务的落地，逐步研发推出了发卡、收单、可信服务管理等三大类移动支付产品体系。第三方移动支付模式兴起。我国第三方支付市场牌照格局基本确定，移动支付平台的运营由独立于银行和移动运营商的第三方机构承担，具有独立的经营权。目前广州金中华、上海捷银等公司均采用这种模式提供数字化产品销售、电子票务等多种增值服务。远程支付发展成熟，其他技术开始兴起。2014 年中国领先的远程支付系统——支付宝——占到移动支付市场份额的 80% 以上，总支付金额达到 38720 亿元，日均支付量已超过百亿，成为全球最大的移动支付公司。以 NFC 为主流技术的近场支付处于起步阶段，二维码支付、声波支付、贴屏支付等新型的移动支付技术兴起。

在移动支付技术解决方案的选择方面，中国移动选择了 RF-SIM 技术，中国电信和中国联通选择了 SIMPass 技术，中国银联选择了智能 SD 卡 NFC 解决方案。中国移动手机支付技术方案采用 2.4G 标准，中国银联则使用 13.56M 赫兹 NFC 技术，为此中国移动推出了 2.4G/13.56M 双频 POS 终端在小范围内试点。

我国移动支付产业领导厂商地理分布

我国移动支付产业领导厂商主要产品及服务

企业名称	地区	产品	服务类型					
			购物支付	电商收款	网络理财	公共缴费	转账	担保
阿里巴巴	浙江	支付宝	●	●			●	●
		余额宝	●	●	●		●	●
腾讯	深圳	财付通	●					
捷银信息技术	上海	捷银支付	●	●		●		
快钱	上海	快钱	●					
汇付天下	上海	汇付天下	●		●			
易宝支付	北京	易宝支付	●	●				
百度	北京	百付宝	●		●	●	●	
钱袋宝	北京	钱袋宝	●		●			
联动优势	北京	手机钱包	●	●	●	●		
中国移动	北京	和包	●			●	●	
中国联通	北京	手机钱包	●			●		
中国电信	北京	天翼手机钱包	●			●		
银联	北京	在线支付	●			●	●	●
拉卡拉	北京	拉卡拉	●			●	●	

我国移动支付产业领导厂商主要动向

企业名称	地区	主要动向
阿里巴巴	浙江	作为我国最大的第三方支付平台，2014 年，支付宝拥有近 3 亿实名用户，总支付金额达到 38720 亿元，日均支付量已超过百亿。支付宝日均支付相当于中国日均零售总额的六分之一。
腾讯	深圳	到 2014 年底，绑定银行账户的微信支付和 QQ 钱包账户超过 1 亿。在微信之外，手机 QQ 的移动支付和 O2O 建设也被腾讯提上日程。
捷银	上海	2013 年，获得央行第三方支付牌照。2014 年，移动支付业务覆盖全国主要省市，发展了颇具规模的用户群、商户群和推广渠道。
快钱	上海	2014 年，快钱公司与万达集团在北京签署战略控股协议，双方将以快钱为核心打造互联网金融生态链，构筑中国领先的互联网金融混业集团。同时，快钱将保持独立运营，继续聚焦支付 2.0 的叠加战略，推进互联网金融向更多产业的渗透。
汇付天下	上海	2014 年，汇付天下 P2P 账户系统托管接入的 P2P 平台突破 300 家，保持行业领先，获"2014 年最佳小微金融服务平台"大奖。
易宝支付	北京	2013 年 10 月，易宝支付获得国家外汇管理局批准的跨境支付业务许可证，成为业内拿到支付全牌照的少数企业之一。2015 年，第三方支付企业易宝支付与民生银行近日签署战略合作协议，双方将就小微金融业务展开深度合作，运用最新的移动互联网、大数据和云计算技术，研发支持小微企业发展的包括融资、支付结算等金融服务产品。
百度	北京	2014 年 4 月，百付宝（百度钱包）面向商户推出"万家让利"计划，率先报名并通过审核的 1 万家商户可优先享受"百度钱包"提供的诸多价值。
钱袋宝支付	北京	与全国排名前 20 的商业银行进行了第三方支付业务合作，并且和多家银行开展了网上银行和手机银行业务的合作，是国内移动支付产业的领军企业。钱袋宝支付技术公司获得"2013 年度中国互联网金融新锐企业称号"。
联动优势	北京	2014 年联动优势完善了 P2P 资金托管平台服务。2015 年 3 月 4 日，联动优势获得中国证监会批复核准基金销售支付结算业务资格，可开展基金销售支付结算业务。
中国移动	北京	中国移动与中国银联完成 TSM 平台对接，用户可"空中"申办金融 IC 卡。2014 年中国移动支持 NFC 功能的终端将达 50 款，NFC 手机产品销售超过 600 万部，未来 2～3 年，NFC 手机将成为客户标配。中国移动"和包"产品运用 NFC 技术覆盖全国近千项公共事业服务缴费。
中国联通	北京	2013 年，中国联通联合中信、浦发、民行等多家银行，商家以及公共服务部门推出手机钱包业务，实现"刷"手机消费，并在全国范围迅速推广。
中国电信	北京	2013 年，中国电信联合多家银行推出"天翼手机钱包"业务。为支持 NFC 产业链发展，从 2014 年起，中国电信新上市的 3G 终端实现支持 NFC，并已推出 3000 万张支持 NFC 的 UIM 卡。
银联	北京	2013 年 6 月，银联和中国移动联合打造的移动支付平台正式上线，用户通过平台，可在支持 NFC 功能的手机 SIM 卡上下载银行卡，实现电子现金充值、远程消费和近场小额快速交易。2014 年，银联国际宣布与全球领先的支付服务提供商 Global Collect 达成网上支付业务合作。
拉卡拉	北京	2013 年，拉卡拉迅速加大线下便民公共终端的布放速度，增加手机客户端上的业务功能开发。荣膺 2013 年度卓越第三方支付机构。2014 年集团各项业务年复合成长率超过 100%，支付交易额超过 1.8 万亿，拥有近 1 亿个人用户和超过 300 万企业用户。

我国移动支付产业创新基地的地理分布

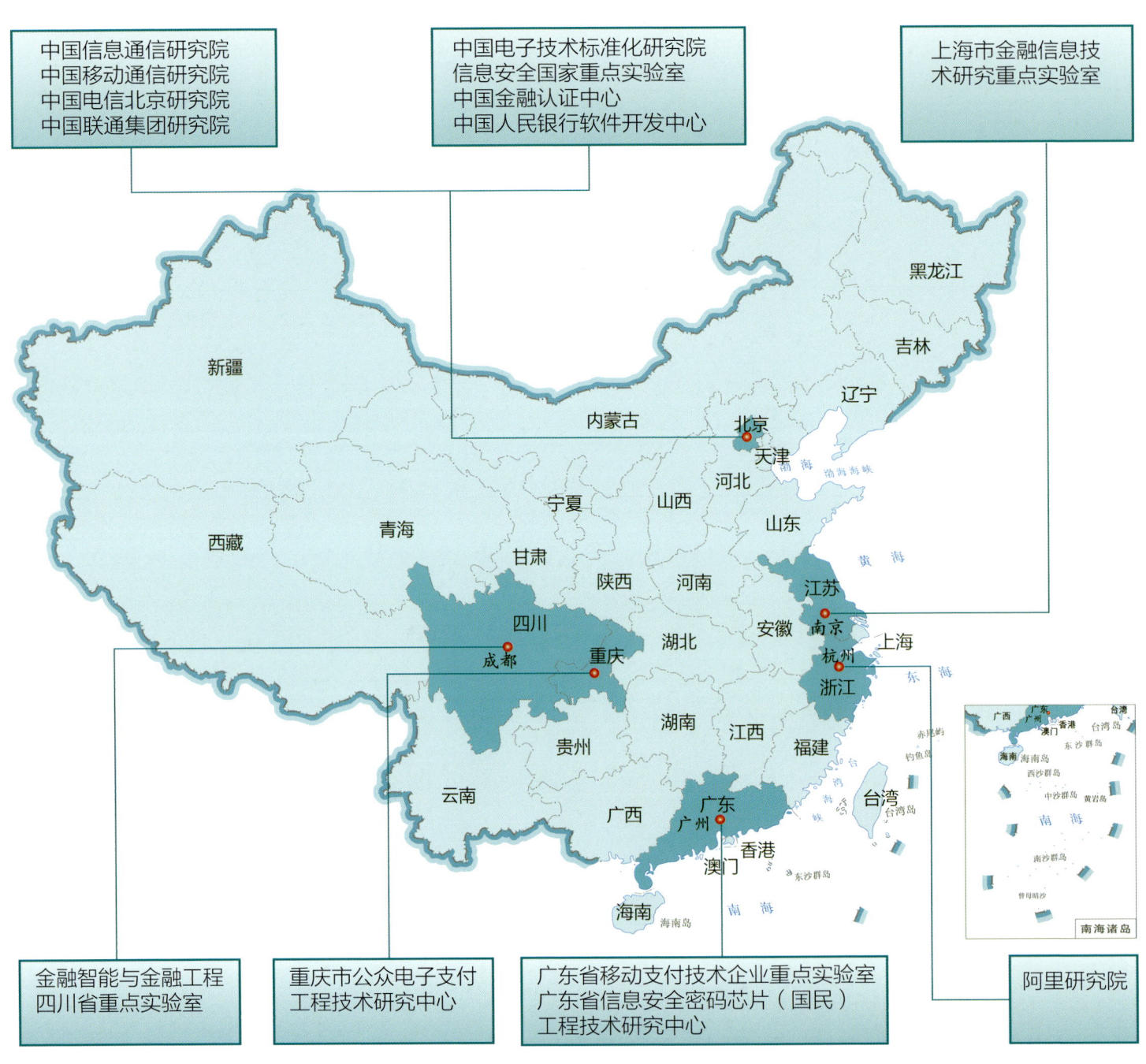

我国移动支付领域专利分布

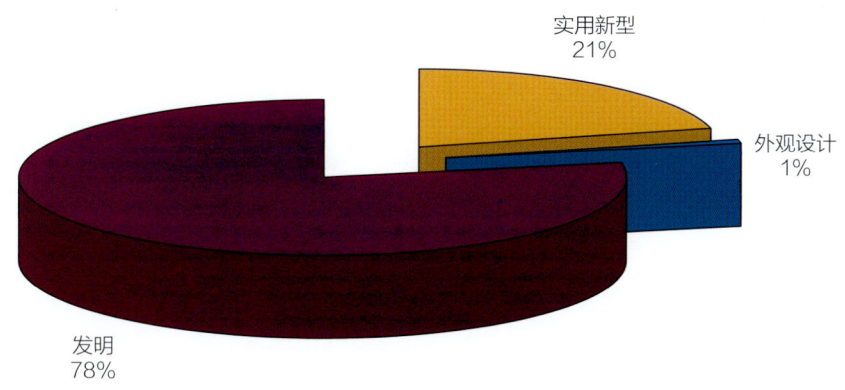

移动支付领域中国发明专利申请量的构成

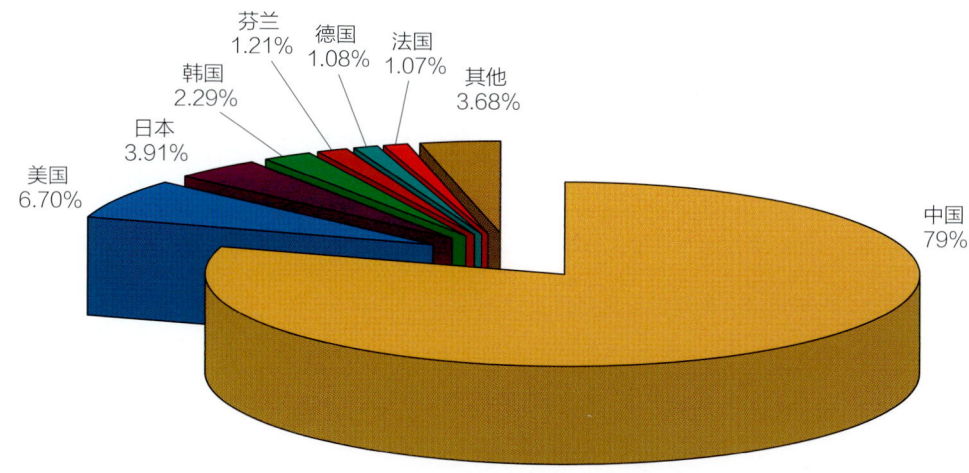

移动支付领域中国发明专利申请量的来源国分布

资料来源：《统计分析》2013年第6期：物联网技术之移动支付领域中国专利申请状况分析。

我国移动支付产业主要政策

政策分类	主要内容	文件名称
规制	推动非现金支付工具发展创新与广泛应用，形成以票据和银行卡为主体、互联网支付、移动支付等电子支付为补充的工具系列。完善电子支付业务规则和风险控制措施，加强电子支付标准建设，鼓励新兴电子支付业务发展。	央行《关于中国支付体系发展（2011—2015年）的指导意见》（2012年1月）
	大力发展商业银行手机支付业务，规范发展支付机构手机支付业务。鼓励商业银行拓展NFC手机近场支付应用，对于商业银行通过TSM平台空中发卡采取了相对宽松的政策，在政策层面上明确支持NFC产业发展。	央行《关于手机支付业务发展的指导意见》（2014年3月）
	涵盖了应用基础、安全保障、设备、支付应用、联网通用5大类35项标准，从产品形态、业务模式、联网通用、安全保障等方面明确了系统化的技术要求，覆盖中国金融移动支付各个环节的基础要素、安全要求和实现方案，确立了以"联网通用、安全可信"为目标的技术体系架构。	央行《中国金融移动支付系列标准》（2012年12月）
	单张记名预付卡资金限额不超过5000元，单张不记名预付卡资金限额不超过1000元。单位一次性购买预付卡5000元以上，个人一次性购买预付卡5万元以上的，应当通过银行转账等非现金结算方式购买，不得使用现金。办理一次性金额5000元以上预付卡充值业务的，不得使用现金。	《支付机构预付卡业务管理办法》（2012年9月）
	支付账户的开立实行实名制。支付机构应为同一客户建立唯一的客户身份识别号，对该客户开立的所有支付账户进行统一管理。月累计销售金额高于5万元的个人商户，支付机构应予以重点关注，必要时应采取实地调查、核验个人有效身份证件原件等更严格的风险管理措施。	央行《支付机构网络支付业务管理办法》（2014年3月）
	规定非金融机构可以通过申请《支付许可证》的形式获得合法地位，依法接受监管，并制定罚则。还规定在本办法实施之日起1年内申请取得《支付业务许可证》，逾期未取得的，不得继续从事支付业务。	《非金融机构支付服务管理办法》（2010年6月）
	推进金融移动支付安全可信服务管理体系建设，建立移动支付信息安全保障体系；引导商业银行、支付机构实施移动支付金融行业标准，推动移动支付联网通用、业务规范发展。	央行《关于进一步促进电子商务健康快速发展有关工作的通知》（2013年4月）
	银行通过互联网为个人客户办理电子支付业务，除采用数字证书、电子签名等安全认证方式外，单笔金额不应超过1000元人民币，每日累计金额不应超过5000元人民币。	央行《电子支付指引（第一号）》（2005年10月）
示范推广	要求推动移动支付国家标准的制定和普及，并同时加快推动移动支付、公交购票、公共事业缴费和超市购物等移动电子商务应用的示范和普及推广。重点推进移动电子商务在农业生产流通、企业管理、安全生产、环保监控、物流和旅游服务等方面的试点应用。	工信部《电子商务"十二五"发展规划》（2012年4月）

POSTSCRIPT ▶▶▶ 后记

  本书由刘峰研究员、陈志研究员提出主体框架、写作提纲和规范，由课题组成员分主题研究并执笔完成。全书的写作分工如下：第一章：刘峰、陈志、段小华、高太山；第二章：孙德升、段小华；第三章：段小华、陈志、余青；第四章：段小华、孙德升；第五章：冉美丽、王少永；第六章：苏楠；第七章：年猛、谢艳艳。刘峰、陈志、段小华负责了全书的审校和修订工作。

  在本书编制过程中，得到了科学技术部高新技术发展及产业化司、高技术研究发展中心、国家遥感中心、火炬高技术产业开发中心、创新发展司、重大专项办公室等部门的指导和帮助。相关研究的支持单位还包括中国信息通信研究院、华为技术有限公司、中兴通讯股份有限公司、大唐电信科技股份有限公司、TD产业技术创新战略联盟、中国联合网络通信集团有限公司、北京百度网讯科技有限公司、深圳市腾讯计算机系统有限公司、北京京东世纪贸易有限公司、中国国际电子商务中心研究院、电子贸易产业技术创新战略联盟、中国电子科技集团公司54所、中关村移动互联网产业联盟、工信部软件和集成电路促进中心、上海微电子装备有限公司、光刻设备产业技术创新战略联盟、展讯通信（上海）有限公司、集成电路设计产业技术创新战略联盟、集成电路封测产业链技术创新战略联盟、闪联产业联盟、中关村移动互联网产业联盟、北京卫星导航生产力促进中心、高德软件有限公司、中国地质大学（北京）、GIS产业技术创新战略联盟、北京超图软件股份有限公司、广州都市圈网络科技有限公司、北京东方安城电子产品有限公司、北京航空航天大学、中国社会科学院金融研究所、宏源证券股份有限公司、网贷天眼等，这些单位和机构均提供了宝贵的资料和咨询建议。没有这些领导和专家的参与，本书很难完成。特此感谢。

致 谢

广州都市圈网络科技有限公司为本书地图编制提供技术支持